*O direito
ao
delírio*

O direito ao delírio

Eduardo Galeano

organização
Sergio Cohn

apresentação
Eric Nepomuceno

Biblioteca Básica Latino-Americana - número 6
O direito ao delívrio - Eduardo Galeano

© Fundação Darcy Ribeiro, 2022

Conselho Curador

Eduardo Rinesi - Argentina
Eric Nepomuceno - Brasil
Gabriel Cohn - Brasil
Gabriel Restrepo - Colombia
Horacio González - Argentina (*in memoriam*)
Hugo Achugar – Uruguay
Nora Garita – Costa Rica
Paulo Henrique Martins - Brasil
Salomón Nahmad Sitton – México
Stefano Varese – Perú

Equipe Editorial

Ana Paula Simonaci – Azougue Editorial
André Magnelli – Ateliê de Humanidades
Cristián Jiménez Plaza – Tucán Ediciones
José Ronaldo A. Cunha – Fundação Darcy Ribeiro
Maria Elizabeth Brêa Monteiro – Fundação Darcy Ribeiro
Sergio Cohn – Azougue Editorial

Asessoria jurídica: **Ana Luísa Chafir**

Projeto gráfico: **Pablo Marchant**

ISBN **978-85-63574-72-5**

Abril de 2022

BIBLIOTECA BÁSICA
LATINO-AMERICANA

A partir de seus anos de exílio, Darcy Ribeiro tomou para si — e nunca mais largou — a tarefa de pensar a América Latina e a inserção do Brasil nesse continente essencial. Sua ação sempre se deu como intelectual, como político e como cidadão do mundo. No início da década de 1960, já tentara implantar a Biblioteca Básica Brasileira — BBB, que reunia obras fundamentais para a reflexão da formação do Brasil e, ao final dos anos 1980, montou a Biblioteca Latino-Americana no Memorial da América Latina, na cidade de São Paulo.

Darcy Ribeiro sempre fez de suas buscas um modo de agrupar e disseminar saberes e conhecimentos. A Fundação Darcy Ribeiro, em continuidade a esse sonho, decidiu por empreender a Biblioteca Básica Latino-Americana — BBLA, iniciando a publicação de seus primeiros livros neste ano que antecede as comemorações do centenário de nascimento de Darcy Ribeiro, em 2022.

A proposta da coleção é realizar o mapeamento, a apresentação, a reflexão e o estímulo à criação sobre a cultura e o pensamento latino-americano, através da publicação de livros de ensaios de importantes pensadores e artistas do continente. O objetivo consiste em alcançar um público amplo, por meio de livros com conteúdo de qualidade, em edições atrativas e bem-cuidadas, que terão versão em português, espanhol e inglês e publicação em diversos países.

Para uma tarefa de tal magnitude, complexidade e responsabilidade, convidamos renomados intelectuais latino-americanos, alguns deles amigos pessoais de Darcy Ribeiro, para compor o Conselho Curador da Coleção, que estabeleceram critérios básicos a serem seguidos pela BBLA:

— Buscar a síntese entre o foco e a difusão da cultura Latino-Americana, o presente e o crescente;

— Identificar as semelhanças na multiplicidade de povos, formações e expressões e tentar construir um corpo comum a partir da proveniência dos nomes, conceitos e saberes latino-americanos;

— Estabelecer diálogo com as diversidades culturais dos povos transplantados, povos novos, povos testemunho, fluxos migratórios, populações compostas, minorias, alteridades radicais e periféricas no embate do processo civilizatório

— Apresentar por meio de ensaios, contos, poesia, entrevistas, temas relacionados à antropologia, sociologia, filosofia, literatura, teatro, conteúdos que expressem a maior quantidade de interseções culturais.

Sabemos da complexidade e diversidade dos temas a serem abordados, assim como dos obstáculos a serem superados para se constituir um corpo de saberes e prazeres, consistente e relevante para o público leitor. Esse é o nosso maior desafio!

Esta coleção é uma obra coletiva, fruto do trabalho de uma equipe editorial comprometida com o propósito de semear e disseminar saberes produzidos nesse imenso continente latino-americano. É também uma obra viva, em movimento, que vai integrando autores e protagonistas à medida que incorpora novas abordagens, temas e questões cada vez mais contemporâneas e candentes.

Agradecemos aos conselheiros curadores que generosamente aceitaram o desafio de pensar e orientar esta coleção, aos autores por acreditarem no projeto, à equipe editorial que, como diria Darcy, trabalha com muita determinação para plantar no chão do mundo essas sementes, e às editoras, pela colaboração em empreender este projeto. A todos, e a você leitor, muito obrigado por apoiar a Fundação Darcy Ribeiro.

Trazer a público esta coleção é atualizar os debates em torno da América Latina e refletir sobre esse encantamento necessário, ainda por consolidar, de integração da América Ibérica ao sonho de criação do bloco latino-americano. Esta é, sem dúvida, a função mais essencial desta Biblioteca Básica Latino-Americana.

José Ronaldo A. Cunha
Fundação Darcy Ribeiro
Presidente

SUMÁRIO

APRESENTAÇÃO
POR ERIC NEPOMUCENO

Eduardo Hugues Galeano nasceu em Montevidéu no dia três de setembro de 1940, no ramo mais modesto de uma família de classe abastada e extremamente católica.

Aos catorze anos começou sua carreira de jornalismo, no semanário socialista *El Sol*. Publicava desenhos que assinava como "Gius", que era como soava o sobrenome paterno, Hugues. Ainda bem jovem, aos dezenove anos assumiu a chefia de redação do semanário *Marcha*, publicação emblemática criada pelo mestre de jornalismo Carlos Quijano.

Quando menino, ele sonhava em ser jogador de futebol. Mais tarde explicava assim a razão de ter mudado de ideia: "Eu jogava pessimamente". Foi, depois de passar por vários ofícios, que iam de vendedor e datilógrafo a caixa num banco — tudo isso enquanto desenhava para *El Sol* — parar no jornalismo, e jornalista foi até o fim.

Em julho de 1973, depois do golpe que liquidou a democracia uruguaia, Galeano foi preso. Dias depois de libertado, ele se exilou em Buenos Aires. Na verdade, ele já estava na capital argentina fazia vários meses, onde havia fundado e dirigia a revista mensal *Crisis*. A revista desapareceu em julho de 1976 e até hoje considerada a publicação cultural mais relevante da América Latina.

Mantinha, porém, o hábito de passar temporadas em Montevidéu, ao lado da sua então esposa e de dois de seus filhos, Florencia e Cláudio. A filha mais velha, Verônica, morava com a mãe na Espanha. E foi precisamente na Espanha, na pequena cidade praiana de Calella, perto de Barcelona, que Galeano e sua nova companheira, Helena Villagra, se exilaram depois do golpe militar encabeçado pelo general Jorge Videla na Argentina. Os dois ficaram juntos durante 40 anos, e só a morte de Galeano foi capaz de separá-los.

Galeano já tinha sido preso em seu país, por causa de seu livro *As Veias Abertas da América Latina*. E depois do golpe de Videla, que instaurou na Argentina uma ditadura especialmente sanguinária, ele sabia que não seria preso: seu nome estava nas listas de condenados à morte dos grupos para-policiais que agiam sob a tutela do Exército e da Marinha.

Ele só voltou ao Uruguai em 1985, depois da redemocratização do seu país. Instalou-se em Montevidéu, e de lá partiu para sua única viagem sem volta, no dia 13 de abril de 2015. E foi de Montevidéu, depois dessa volta, que ele passou a colaborar com o jornal argentino *Página 12* e o mexicano *La Jornada*, mantendo-se fiel ao seu ofício até o fim.

Foi um escritor de vasta e consistente obra. O livro que fez de Galeano um nome conhecido e tornou-se um fenômeno de vendas apareceu modestamente em 1971, publicado pela editora da Universidade da República do Uruguai: *As Veias Abertas da América*

Latina. Naquele mesmo ano a poderosa mexicana Siglo XXI lançou sua edição do livro de Galeano, e pronto. Distribuído em toda a América Hispânica, *As veias abertas* se transformou num sucesso instantâneo.

O livro foi traduzido a mais de trinta idiomas e publicado em cinquenta países, tendo vendido ao longo de meio século mais de cinco milhões de exemplares. Fez de Galeano um dos cronistas de mais incisiva trajetória das nossas comarcas e um autor de sucesso permanente. É uma análise contundente da exploração da nossa América, dos tempos da chegada de Colombo até hoje. E é triste — e revoltante — observar que continua atual.

Depois de *As Veias Abertas* vieram os contos — esplêndidos — de *Vagamundo*, em 1973, e um romance de vida breve, *A canção da nossa gente*, de 1975. A obra de Galeano, então, é ampla e diversificada, indo de livros jornalísticos e contos e romances, até chegar a uma espécie de divisor de águas — *Dias e Noites de Amor e de Guerra*, de 1978. A partir desse livro Galeano rompe todas as fronteiras entre a literatura de ficção e a de não-ficção, mesclando prosa poética ao material obtido em rigorosas pesquisas.

O mais completo exemplo dessa escrita está na trilogia *Memória do Fogo*, composta de *Os nascimentos*, *As caras e as máscaras* e *O século do vento*. Nela, Galeano conta a história da América, partindo das lendas indígenas da criação até o ano de 1984. Por quê 1984? O próprio Galeano dizia não saber. "Talvez porque tenha sido esse o último ano do meu exílio, o fim de um ciclo, o fim de um século", escreveu ele numa carta ao seu editor mexicano, Arnaldo Orfila.

Resultado de uma minuciosíssima pesquisa — foram anos consumindo livros de historiadores e livros de ficção — a trilogia mostra o rumo definitivo da escrita de Galeano: há uma forte carga poética, uma elaboração esmeradíssima na construção do texto, uma tensão permanente. São textos breves que se entrelaçam, conduzindo o leitor entre histórias conhecidas e outras não. E assim o que temos é uma nova leitura da nossa história, uma janela escancarada para uma nova visão da nossa terra e da sua gente. É uma espécie de mosaicos de textos breves que se entrelaçam até formar o grande quadro de quinhentos anos de história. E mais: os mosaicos foram feitos não a partir do olhar da história oficial, mas do olhar dos deserdados, dos esquecidos. Galeano segue uma cronologia rigorosa, enquanto ignora olimpicamente o critério geográfico, para nos passar a impressão sólida da unidade da história americana, tão fraudada ao longo do tempo.

Depois da trilogia, em 1989 apareceu outro título que marcou época: *O Livro dos Abraços*. Para se ter uma ideia do patamar alcançado por Galeano, em 1990 o livro saiu aqui no Brasil, na Itália, nos Estados Unidos, na Holanda, na França e na Alemanha. Da mesma forma que havia feito na trilogia, neste livro Galeano recorre a textos pequenos — os mais longos mal chegam a duas páginas — para reconstruir, através de histórias pessoais e de amigos, um belo mosaico da realidade da América Latina e de latino-americanos espalhados pelo mundo. Além de curtos, os textos aparecem entre grandes espaços deixados em branco, numa diagramação feita pelo próprio Galeano, que também fez desenhos e gravuras especialmente para a edição.

O livro abre com uma definição que esclarece bem o que pensava o autor: "RECORDAR: do latim re-cordis, tornar a passar pelo coração". É um livro que, além da preocupação formal, havia uma outra, mais ampla, mais profunda — mais política.

Todos os seus outros livros — e foram muitos — seguiram esse rumo. Depois de *O livro dos abraços* vieram outros de relevo: *As palavras andantes, O futebol ao sol e à sombra, Bocas do tempo, Espelhos, Os filhos dos dias* e seu livro derradeiro, *O caçador de Histórias*, publicado depois da sua partida.

Convém destacar também alguns livros que ele publicou antes de se tornar um autor de êxito indiscutível. Sua estreia aconteceu em 1962, aos 22 anos, com um romance chamado *Os dias seguintes*, que ele mesmo considerou depois "fraquinho, meio precipitado". Mas foram duas grandes reportagens — *China: crônica de um desafio*, de 1964, e principalmente *Guatemala, país ocupado*, de 1967, que consagraram o Galeano repórter.

A tempo: ele conquistou alguns dos prêmios mais importantes e não apenas no âmbito hispânico. Ganhou, por exemplo, o mais que prestigiado American Book Award, dado pela Universidade de Washington, ou o Stig Dagerman, da Suécia, ou o Prêmio Internacional de Direitos Humanos concedido pela Global Exchange, também dos Estados Unidos. Aqui pelas nossas bandas, levou o Casa de las Américas duas vezes, além de um sem-fim de honrarias na Nicarágua, na Venezuela, no México, em El Salvador, na Argentina, no Chile e, claro, no seu Uruguai.

* * *

Os textos aqui reunidos foram selecionados por Sergio Cohn, e são resultado não de uma pesquisa, mas de verdadeira garimpagem. Há de tudo um pouco. De uma entrevista realizada por Flávio Moreira da Costa em 1975, para o semanário *Opinião*, hoje desaparecido mas na época de especial importância, a textos publicados pela também extinta revista "*Versus*", criada pelo jornalista gaúcho Marcos Faerman.

A entrevista traz ao menos uma curiosidade: aos 34 anos, Galeano já era bastante conhecido na América Hispânica, mas aqui no Brasil, país que ele conhecia bem e pelo qual tinha uma afeição sem limites, era ainda um ilustre desconhecido. Havia publicado uns poucos contos em antologias, mas seu primeiro livro editado aqui, *Vagamundo*, ainda não tinha aparecido. A censura da ditadura impedia qualquer editor de se aventurar publicando o livro que deu a ele fama permanente, *As veias abertas da América Latina*. Publicar os contos de *Vagamundo*, aliás esplêndidos, já era uma aventura e tanto.

Com relação à revista, creio conveniente contar como era a *Versus* e do peso que teve no cenário brasileiro entre 1975 e 1978, período especialmente conturbado da ditadura militar que existia no Brasil. Inspirada claramente na revista mensal *Crisis*, criada e dirigida por Eduardo Galeano entre 1973 e 1976, *Versus* foi uma inovação no cenário brasileiro. E se *Crisis* é considerada até hoje a melhor e mais importante publicação cultural da América Latina, *Versus* continua sendo uma publicação que nunca teve sucessor.

Marcos Faerman foi um jornalista gaúcho de brilho luminoso. Viveu entre 1943 e 1999, quando foi levado para sempre por um enfarte fulminante. Ao longo de 24 anos, entre 1968 e 1992, integrou, com luz própria e ofuscante, a constelação de estrelas do jornalismo que era abrigada no também desaparecido *Jornal da Tarde*, de São Paulo.

Para se ter uma ideia da voracidade com que ele praticava o ofício de jornalista, foram mais de 800 reportagens durante esse período, além de ter sido redator e editor.

Versus nasceu com uma proposta ambiciosa: ter a cultura como forma de ação política, e como foco principal a América Latina. Usava amplamente desenhos, pinturas, fotografias, quadrinhos — além, é claro, de textos. Entre seus colaboradores havia mestres consagrados, como Boris Schnaiderman, e jornalistas, fotógrafos e artistas gráficos bem jovens na época.

Em várias de suas edições trazia perfis históricos de figuras de primeira grandeza no cenário do continente, como Simón Bolívar, Tupac Amaru e o general San Martin, a palavra de exilados de peso, como o dramaturgo brasileiro Augusto Boal, e entrevistas fundamentais com quem também estava no exílio, como o poeta Ferreira Gullar e o antropólogo e educador Darcy Ribeiro, além de textos de mestres como o argentino Julio Cortázar, o uruguaio Mario Benedetti e, claro, Eduardo Galeano. Marcos Faerman, além do mais, conseguia — sabe-se lá como — autorização para publicar Pablo Neruda e Gabriel García Márquez. *Versus* chegou a vender 35 mil exemplares, algo que hoje em dia já seria uma façanha. Naquele tempo, era um estrondo.

Bem: foi esse o meio com as portas permanentemente abertas para Eduardo Galeano chegar ao leitor brasileiro.

E o que Sergio Cohn garimpou em *Versus* nos traz Galeano em estado puro e em sua ampla versatilidade. Em "Nas minas de diamantes e histórias" surge, em plena forma, o Galeano repórter. Num longo e detalhado texto, ele conta a explosão da mineração de diamantes na selva de Guaniano, na Venezuela, perto da fronteira com o Brasil. E isso, lá por mil novecentos e setenta e pouco. Pois bem: consultei agorinha o dr. Google sobre a região, e vi que o problema da mineração deslavada continua igual, como igual continua a devastação da selva. Há, portanto, espaço para supor que o cenário e os personagens minuciosamente descritos nessa reportagem continuam iguais ou quase.

É impressionante como Galeano sabe nos conduzir para o que ele conta. "Os povoados do diamante", diz a reportagem, "não têm cemitério, nem farmácia, nem igreja, nem hospitais, nem escola". Falando do acampamento "La Salvación", conta o repórter que "agora os preços estão mais baixos". E que isso significava que "um jornal da semana passada ou uma lata de cerveja custam quatro vezes mais que em Caracas, que o leite é seis vezes mais caro e o café e o arroz valem dez vezes mais". E esclarece: "A doença é a única mercadoria grátis".

Depois de descrever o cotidiano de miséria e fortuna, de como os mineiros se tornam milionários para acordar no dia seguinte de novo na penumbra, a frase final da reportagem define tudo: "Aqui não há nada mais real que a fantasia: aqui se pode acreditar que tudo, tudo, é possível".

Temos outra faceta de Galeano: a dos textos curtos, carregados de poesia. Estou me referindo a "América", em que ele mescla uma declaração de amor a uma moça ausente e o que conta seu amigo pintor, o Chinês, que anuncia o tema da sua próxima exposição: a história da América através da Primavera de Botticelli. E assim a "moça do talho no queixo" se funde com este nosso território, a América Latina. Ele termina o texto curto e denso contando o que descobriu na conversa com o amigo: "Assim que são uma só febre. As duas coisas que me enlouquecem são uma só febre em meu interior: esta mulher, esta terra onde nasci".

O repórter Galeano volta ao palco trazendo uma entrevista feita em 1966 com o então exilado ex-presidente argentino Juan Domingo Perón, em sua faustosa residência em Madri. Ele começa nos contando como era Buenos Aires naqueles tempos de exílio do general. Em seguida nos leva a presenciar seu encontro com Perón. Assim, com leveza e precisão, nos situa em tempos especialmente conturbados, enquanto deixa clara de toda claridade a imensa capacidade sedutora do general exilado idolatrado pela maioria dos habitantes de uma Argentina para a qual ele não podia voltar.

Perón surge em toda a sua dimensão de líder mas também de manipulador maquiavélico, de posições rigorosamente firmes que de repente se tornam absolutamente ambíguas — enfim, um dos líderes mais fascinantes de um tempo latino-americano, e que teve um fim melancólico.

Em maio de 1977 o número 10 da revista "Versus" trouxe a estreia daquela que seria uma coluna avidamente devorada pelos leitores: a "Carta de Barcelona", assinada por Eduardo Galeano e escrita em seu exílio não propriamente em Barcelona, mas na pacata Calella, a uns 50 quilômetros de distância.

Esse primeiro texto de uma série se chama "Para 'escutar' toda história do mundo", e — vejam só que luxo — a tradução ficou a cargo do escritor João Silvério Trevisan. O primeiro parágrafo já abria espaço para o que viria a seguir. Nele, diz Galeano: "Pelo que me consta, não sou cego. Em troca, reconheço que sou bastante surdo; é que a realidade me entra sobretudo pelos olhos; e na memória, tenho muitas imagens mas poucos sons". E por aí vai, falando de música para, na verdade, falar da vida e do mundo.

Em outra "Carta de Barcelona" Galeano volta à memória, desta vez para falar da "Gran Tierra" — uma viagem aos confins de Cuba. E nos revela uma Cuba desconhecida, isolada, trazida na memória de um velho muito velho, enquanto nos mostra uma realidade em transformação.

Em outra "Carta", com o título de "Depois do medo", mostra como era a Espanha naquelas que foram as primeiras eleições democráticas, em 1977, depois da ditadura franquista. É outra vez o repórter Galeano a nos conduzir para dentro da paisagem, a nos colocar nas ruas, ouvir os sons, ficar ao lado das pessoas.

Há ainda, em outro número, trechos de um dos mais importantes textos que Galeano escreveu, "Defesa da palavra", título do discurso que ele fez na abertura da Feira do Livro de Frankfurt em 1976 e dedicada à literatura da América Latina. É fascinante confirmar, passado todo esse tempo, como Galeano encarava o ofício de escrever, e como se manteve absoluta e irremediavelmente fiel a essa visão até o fim.

Outro texto garimpado para este livro é estarrecedor. Seu título é "O mercado da morte" e revela um Uruguai destroçado pela ditadura militar (que durou de 1973 até 1984). E nesse país desolador Galeano conta como se multiplicava a construção de presídios e prisões, e registra um dado assombroso: em 1977, havia no pequeno país mais presos políticos que presos comuns. "Transformaram em prisões as casernas, as delegacias de polícia, os navios abandonados, os velhos vagões de trens", conta Galeano, para concluir que "até a casa de cada cidadão" tinha virado cadeia. Naquele 1977, a cada mês uma prisão havia sido inaugurada em território uruguaio. Conta ainda que naquele ano terrível o Uruguai era o país com a maior proporção de prisioneiros políticos do mundo em relação aos seus habitantes, e que um quarto da sua população estava exilada.

Para fechar a série de textos garimpados na "Versus", aparece outro relato de Galeano sobre os tempos de breu e horror enfrentados pelo sul do continente: "A violência invisível". Ele nos traz imagens que precisam ser conhecidas pelos que vieram e cresceram depois do fim das ditaduras. Por exemplo: "No Uruguai, os inquisidores se modernizaram. Curiosa mistura de Idade Média e sentido capitalista do negócio. Os militares já não queimam os livros: agora os vendem às empresas papeleiras. As papeleiras os picam, os convertem em polpa de papel e os devolvem ao mercado de consumo. Não é verdade que Marx, Freud ou Piaget não estejam ao alcance do público. Não estão em forma de livros. Estão em forma de guardanapos".

Vale reiterar: a memória daqueles tempos devastadores, de trevas terríveis, deve ser conhecida por quem não conheceu aquela escuridão, e recordada por quem passou por eles. Em várias regiões do mundo e da nossa América, e em especial no Brasil, há quem queira uma volta ao passado — mais especificamente, para aquele passado sufocante e avassalador. Também por isso é tão importante recordar o que Eduardo Galeano viveu e escreveu.

Lembro de uma frase dele, no tal discurso da Feira de Frankfurt daquele funesto 1976: "Não é inútil cantar a dor e a maravilha de ter nascido na América". E foi isso que ele cantou até, viajante incansável, partir na sua única viagem sem volta.

Lembro dele como um modelo de generosidade, retidão, integridade e esperança. Galeano mudou várias vezes de opinião para continuar pensando igual. Foi um exemplo raro de intelectual que não se acomodou, não se contentou com a nostalgia. O mundo mudou e ele também mudou para continuar sendo igual ao que sempre foi, e a acreditar no que sempre acreditou. Também por isso é importante revisitar o registro de uma época pelo olhar sempre certeiro de Eduardo Galeano.

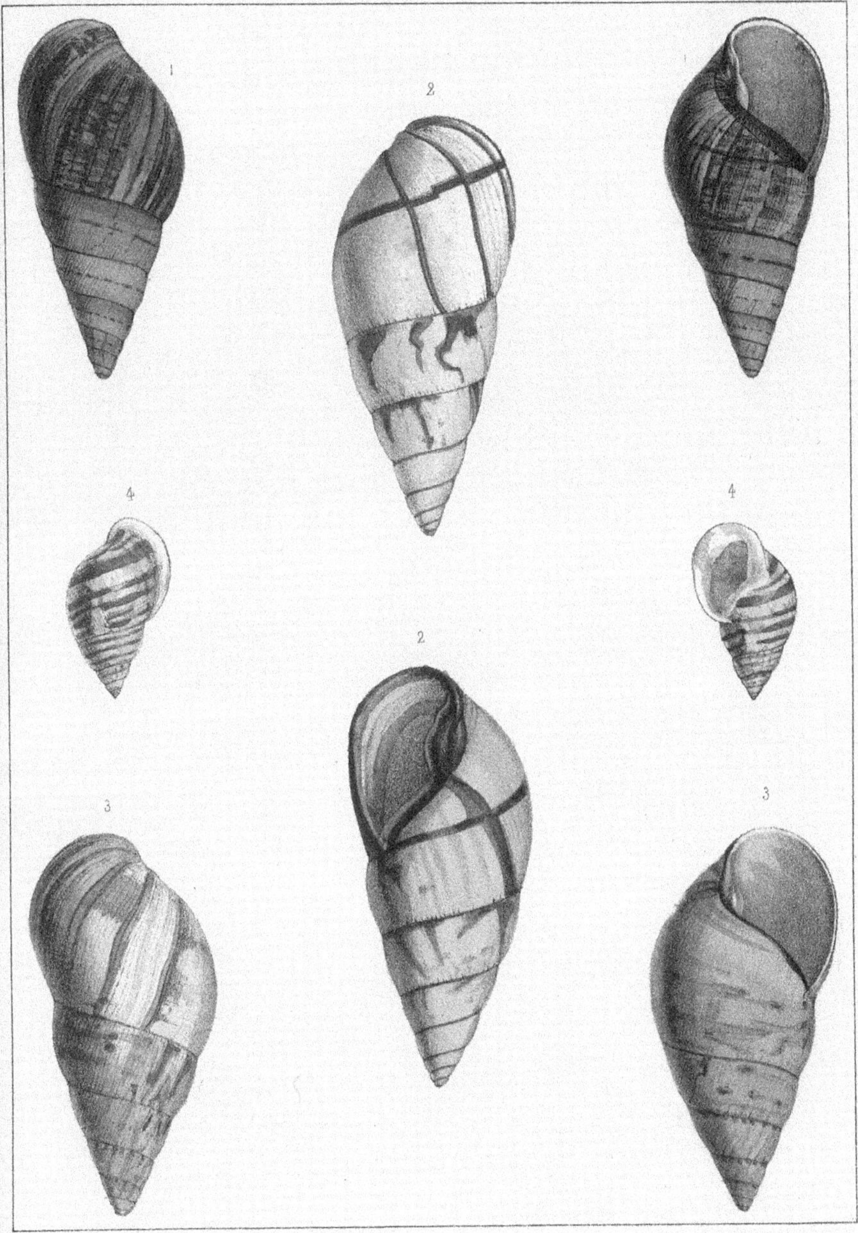

1 BULIMUS LOROISIANUS Nobis.　　　3 BULIMUS REGALIS Nobis.

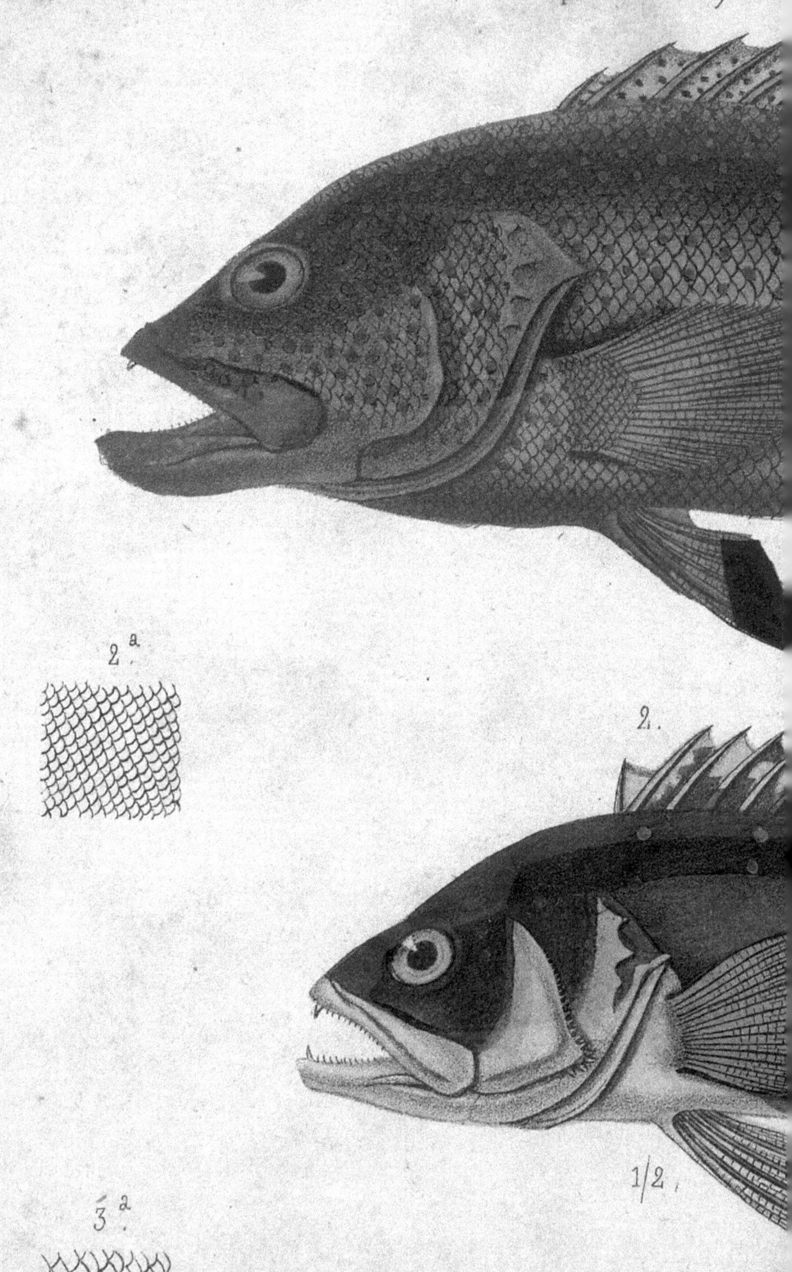
2ª
2.
1/2.
3ª

AS VEIAS ABERTAS DE GALEANO
ENTREVISTA PARA FLÁVIO MOREIRA DA COSTA, JORNAL OPINIÃO, 2 DE MAIO DE 1975

Você há anos andou fazendo reportagens por toda a América Latina, já era conhecido como jornalista. De que maneira esta experiência contribuiu para escrever As Veias Abertas da América Latina?

Trata-se de um livro jornalístico. De certo modo, é o resultado de um trabalho de anos em vários lugares da América Latina, e foi escrito com a intenção de sintetizar, resumir estas experiências, vivendo-as e articulando-as dentro de uma estrutura diferente da reportagem convencional. Na verdade, é um livro bastante ambicioso que tenta oferecer uma história econômico-política da América Latina, contando-a como se fosse uma aventura de piratas ou uma história de amor. E isso foi possível graças, por um lado, à experiência direta de contato com a realidade latino-americana, resultado de meu trabalho como jornalista; e, por outro, graças à facilidade de comunicação que nos dá o estilo de jornal — o livro está escrito num estilo de comunicação muito direta, como o jornalismo nos ensina a escrever. Devo muitíssimo ao jornalismo, ainda que não o pratique mais. Devo-lhe, em primeiro lugar, a capacidade de síntese: o jornalismo obriga a dizer a maior quantidade de coisas com a menor quantidade de palavras. Em segundo lugar, a simplicidade e a clareza das expressões, que é também uma obrigação do profissional. Em terceiro lugar, o jornalismo obriga também — e isso para mim é decisivo — a ser atraente, a ter certo poder de sedução sobre o leitor.

Mas o livro não estaria mais entre uma espécie de New Journalism e o ensaio político? Quero dizer com isso que não é jornalismo no sentido restrito, diário, da palavra.

Claro. Inclusive *As Veias* Abertas está sendo usado agora como livro de texto em quase todas as faculdades argentinas e em outras faculdades da América Latina. Do ponto de vista acadêmico, portanto, ele cumpre com todos os requisitos formais estabelecidos, tem cerca de 400 citações e não há nenhuma afirmação que não esteja respaldada por opiniões de outros autores ou por documentação concreta. Mas a diferença é de linguagem, e como a linguagem faz aquilo que ela define, resulta ser esta uma diferença essencial. Quer dizer, converte não só a história econômico-política da espoliação da América Latina em algo que pode ser lido com a sensação grata de se estar lendo um texto de ficção — porque é quase como um romance —, como a própria linguagem influi na essência do livro, em seu conteúdo. de algum modo transformando-o em algo diferente do que tem sido até hoje os livros de economia política ou de história, esses que estamos acostumados a ler. Quer dizer: torna a história da América Latina mais humana.

Você já perseguia isso num livro anterior, sobre a Guatemala, que você classificou meio brincando de um romance policial?

Bem, aquele era tipicamente reportagem. _As Veias Abertas_ é mais amplo, é maior do que uma reportagem, tenta uma interpretação, tem uma série de teses que defendo — maior pelo menos quanto às intenções. Narra a história da América Latina e se pergunta quais são as raízes da pobreza, da desdita — e tenta uma resposta.

Você também publicou ficção. Como se sente, enquanto ficcionista uruguaio, depois de Juan Carlos Onetti e Mario Benedetti?

O penúltimo livro que escrevi, um livro de contos chamado _Vagamundo_, é dedicado a Onetti, Benedetti e a outro escritor uruguaio, Martínez Moreno. Sinto então que há uma linha de continuidade, existe um processo que tem certa coerência, independente de que eu não esteja fazendo a mesma coisa que eles. Eu quero fazer algo diferente, pois minha geração é outra. Mas você sabe, "ficção" é uma palavra um pouco incômoda porque _Vagamundo_ não é exatamente um livro de ficções, tendo muito a ver com a realidade concreta. É um livro de literatura política, onde, é claro, as coisas, as pessoas e as experiências são transportadas a uma linguagem que quer ser uma linguagem de arte. mas sem que isso implique que seja algo convencional, uma literatura de ficção.

*Mas **Vagamundo** tem contos de infância, só indiretamente políticos. Não compreendo muito o porquê de você não querer classificá-lo como ficção.*

O livro começa com contos de crianças, mas tem outras partes, e é basicamente um livro político. Não político num sentido estrito, mas enquanto implica uma maneira de ver o mundo que é uma maneira política de ver o mundo. E, além do mais. representa um compromisso real. O que acontece é que a literatura política que se tem feito na América Latina geralmente é tão mal realizada que se assemelha ao panfleto. Não creio que seja o caso de *Vagamundo*, pois há aí uma dimensão humana, explorada em profundidade e com dor, às vezes com alegria, que está muito além do que podem ser os esquemas e as definições.

Você pretende continuar escrevendo ensaios e esse tipo de ficção ao mesmo tempo?

Depois das *As Veias Abertas* fiquei farto, saturado de ensaios. Esse livro me tomou quatro anos de trabalho. Escrevi-o em três meses, mas recolhi documentação e viajei durante quatro anos para conseguir realizá-lo. Li uma quantidade inumerável — uma Cordilheira dos Andes — de documentos e livros chatíssimos que ninguém lê, só eu e o autor, e que me serviram para escrever o livro, mas que me produziram uma espécie de alergia à literatura de ensaios, ciências políticas, história. Enquanto perdurar essa alergia, não tenho condições de escrever mais ensaios.

E a ficção?

Isso tudo acabou me trazendo a necessidade, que havia sido adiada durante muito tempo, de escrever contos e romances. Já tenho pronto o romance *La Canción de Xasotros*, que poderia ser traduzido por "A Canção de Nossa Gente", que é um livro que se define em cinco planos simultaneamente, tem cinco linhas melódicas diferentes, mas que basicamente tem a ver com a realidade política atual do meu país e de outros países latino-americanos, é um livro sobre a agressão física, mas combina o horror com o humor, sendo também sobre a vida dos marginais. Um humor estilo picaresco espanhol do séc. XVII. De certa forma um humor com melancolia, temo. Retira do picaresco o mundo, o universo dos marginais, do cárcere, do pão e da falta de teto, da satisfação das necessidades elementares: gente que não tem trabalho, que foi vomitada pelo sistema e que anda por aí, à beira do caminho, procurando um lugar sob o sol sem encontrá-lo. E muita coisa acontece pelo caminho, coisas de Quevedo, ou da melhor época do cinema mudo, Buster Keaton, Chaplin — tudo isso combinado com uma história política, com outras linhas de desenvolvimento na estrutura global do livro, que se relacionam com todas as experiências essenciais que eu vivi e todas as coisas que possa ter para dizer relativas à liberdade, à infância, ao amor, à traição, à desintegração de um mundo que se perdeu e que não pode mais ser recuperado pelo caminho da nostalgia e da fantasia. Praticamente com *La Canción* disse aos outros tudo o que queria dizer.

Em certo sentido, você está bem na tradição do escritor uruguaio: foi morar em Buenos Aires. Por quê?

Quando surgiu a ideia de se fazer a revista *Crisis*, me chamaram para dirigi-la. Depois disso, tive dificuldades em meu país. As dificuldades se aguçaram e acabei ficando em Buenos Aires. Inclusive por razões de saúde.

Como você vê o movimento cultural argentino de agora?

Creio que o próprio fato de a nossa revista estar vendendo 30 mil exemplares, tendo um ritmo de crescimento de vendas de mil exemplares por mês, é um bom indicador de que a Argentina tem um nível cultural elevado e uma vida cultural intensa. É talvez o único país da América Latina em que uma experiência desse tipo pode ser, ao mesmo tempo, desenvolvida, realizada e mantida. Já vamos para o número 20. Quanto ao movimento cultural em si, pessoalmente não acho que exista nesse momento autores jovens do nível de alguns já consagrados, dentro e fora do país. Talvez a explicação para isso resida no fato de a Argentina estar vivendo uma realidade política muito agitada, e a atitude das novas gerações nessa realidade é muito mais comprometida, tende muito mais à identificação e à participação do que à atitude das gerações anteriores em relação ao contexto político de outras épocas. Isso então determina que. no nível do que poderíamos chamar de a literatura que escrevem os escritores, a literatura especializada, dos romancistas, contistas e poetas, viva um período de transição um pouco ambíguo, sem realizações à altura das expectativas. As intenções são sempre melhores do que os resultados. Acho que de tudo isso vai acabar surgindo alguma coisa, pois há um mundo em ebulição, muito rico, muito vivo e cheio de estímulos criadores intensíssimos. Mas a verdade é que isso ainda não se nota claramente, no nível do trabalho desses jovens. De qualquer forma, é enorme a quantidade de livros que se publica, e a proporção de bons livros, no total, é muito alta. Existe uma boa quantidade de escritores que me parecem potencialmente de valor, porque são tipos com bom manejo, com boas unhas para o violão, com bons dentes para morder.

E isso tudo, em relação aos outros países da América Latina?

É interessante chamar a atenção para um fato: o que poderíamos chamar de criação dirigida a um setor de elite, como é decididamente a literatura na sociedade de consumo dependente e subdesenvolvida da América Latina, tem uma dimensão muito maior, muito mais vasta na Argentina do que em outros países. Talvez no Uruguai também fosse assim, antes que a crise chegasse e nos golpeasse. Mas isso não ocorre em outras realidades latino-americanas, onde a literatura é mais restrita a uma proporção ínfima da população, que a produz e que a consome.

O Brasil tem uma cultura de elite muito mais reduzida — em proporção ao total da população. Curiosamente, a Argentina não tem expressões culturais, no sentido de cultura popular, tão ricas e tão ferozes como as que tem o Brasil. O Brasil tem todo um mundo de cultura não consagrado oficialmente, não institucionalizado, não bendito pelas águas santas de nenhuma academia, que é uma cultura infinitamente mais viva que a cultura popular da Argentina. Existe no Brasil, por exemplo, a música popular, a pintura, a poesia popular que é expressa por aí de forma não sacramentada nos terreiros, através dos pontos que evocam as forças protetoras de Deus ou a ajuda do Diabo para sobreviver ou vingar-se. Muitas outras formas de expressão, culturais e reais, que têm a ver com as cores com que as pessoas se vestem, com a maneira de falar ou contar piadas, com tudo aquilo que são formas culturais não articuladas de um ponto de vista formal, e que são intensas e muito importantes no Brasil. Acho que a melhor poesia brasileira atual está nas canções, não nos livros. Isso não acontece na Argentina. Mas lá existe o que podemos chamar de uma cultura de elite bastante melhor do que a brasileira, mais ampla, inclusive pela quantidade de gente que está trabalhando nisso e pela quantidade de gente que a recebe. A Argentina tem um público leitor infinitamente mais vasto do que o Brasil; é muito maior o número de pessoas que assistem a exposições ou concertos. Tudo isso dentro de uma estrutura muito compartimentada, que reduz a cultura ao consumo de poucos. Embora na Argentina — que é um país com uma classe média numerosa — esses poucos sejam muitos.

O que você conhece de literatura brasileira e quais os autores que na sua opinião mereceriam ser traduzidos para o espanhol?

Guimarães Rosa, por exemplo. Ele ainda não tem toda a sua obra traduzida. Alguns livros, embora haja outros em andamen-

to. Para mim. é um autor que está no nível dos melhores que a
América Latina jamais teve. São dois os escritores brasileiros que
eu prefiro acima de todos: Machado de Assis e Guimarães Rosa.
Guimarães é um escritor difícil; devido ao seu estilo complicado,
chega a um público limitado, dentro e fora do Brasil. Sei que as
dificuldades para lê-lo não são só minhas. Mas isso não significa
que seja complicado de propósito, que ele tenha sido um homem
que exercitou a ginástica das palavras como um esporte divertido:
à complexidade do estilo de Guimarães Rosa corresponde a complexidade do mundo que esse estilo define e expressa — e não há
outras palavras para dizê-lo melhor. Quer dizer: não falta nada,
ainda que haja tanto.

**_Quais os autores uruguaios que deveriam ser traduzidos para
o português?_**

Parece absurdo e mesmo injusto que ainda não tenha sido traduzido um autor morto há vários anos: Horácio Quiroga, nascido
no Uruguai mas que viveu os anos mais importantes, mais intentos
e criadores de sua vida na província argentina de Missiones. Na selva. Ele é talvez o escritor rioplatense mais importante deste século.
É o autor de língua espanhola de maior venda na União Soviética,
por exemplo, e foi traduzido para quase todos os idiomas, inclusive
alguns dialetos exóticos que só poderia mencionar lendo as listas
de traduções de livros da UNESCO. E mesmo assim, ainda não
saiu no Brasil, mesmo sendo, como é, um escritor de êxito certo
em qualquer parte, pois o mundo de Quiroga é um mundo muito

atraente, de selva e aventura, de amor e de horror, de desespero intenso, de contato furioso com a vida e com a morte. Esse é o caso que me parece mais urgente. Há outros.

E Felisberto Hernández?

É um outro mundo, uma espécie de Kafka uruguaio, com muito sentido de humor. Um gordo assim (faz um gesto característico com os braços) e comia pratos de batata frita deste tamanho. Deixou seis viúvas e todas elas choraram juntas em torno de seu caixão. Era pianista de cinema, na época do cinema mudo. E inventou um sistema próprio de taquigrafia, que era excelente, mas que ninguém entendia, nem mesmo ele. Felisberto também é um autor importante. Onetti parece que já começa a ser traduzido aqui — e ele é o melhor dos vivos. Mas criou um tipo de literatura com a qual tenho diferenças essenciais. Ele é meu mestre, meu pai. Gosto muito dele.

Concorda com Vargas Llosa, que o considera um dos cinco melhores da América Latina?

Concordo. Entre os atuais, creio que os melhores sejam Onetti. Rulfo e Garcia Márquez. Onetti cria maravilhas com as palavras o tempo todo. Tem essa capacidade de criar beleza descrevendo a luz do sol que entra por uma janela, ou os vidros quebrados no fundo da alma desesperada, de um homem que olha o teto e fuma — é a expressão esteticamente mais elevada de um mundo de cujos fundamentos, no entanto, eu não compartilho. Tenho esta diferença fundamental com o mestre. Ele é um contínuo negador da capacidade de mudança da condição humana. Na literatura de Onetti, aparece sempre o egoísmo, a sordidez, a mesquinhez, a decomposição das coisas — tudo como um destino inevitável. Creio que boa parte do horror, da escuridão do mundo pode ser mudada: de alguma maneira vamos morrer num mundo diferente do que nascemos, e de qualquer maneira vamos sofrer o choque contra as paredes, barreiras de incomunicação que vão seguir alçadas entre nós. Mesmo assim, a capacidade de realização da liberdade humana individual pode ser infinitamente maior, se muda o sistema.

Parece que Onetti registra esta situação. Achar que não há possibilidade de mudança na obra dele não será interpretação do leitor?

Ele é a pessoa a quem eu mais devo em literatura. Sempre me estimulou muito, me ajudou a escrever, desde quando eu tinha 19 anos. Assim, tenho uma dívida imensa para com ele, além de uma enorme amizade. Mas eu não quero dizer o que ele diz. Quero expressar uma realidade diferente da dele, e quero expressar uma consciência desta realidade também diferente, que corresponde a uma geração diferente, a um momento histórico diferente. Ele é o profeta da desintegração nacional e eu quero ser outra coisa. Tenho outra maneira de olhar o mundo, que talvez não seja pessoal, mas que corresponde a outros, que nasceram depois e viveram realidades semelhantes à minha. Onetti é de outro mundo.

Mas como profeta da desintegração nacional não teria ele acertado?

Claro. E além disso nunca mentiu. Essa é a diferença com o que poderia ser outra literatura de negação da capacidade de mudança da condição humana, a que a direita dá origem com tanta frequência. Não é o caso dele, embora não considere sua literatura boa politicamente. Mas a diferença essencial entre ele e algumas senhoras gordas da literatura é que ele nunca mentiu.

EX- ENTREVISTA CRISIS, COM PROVAS DE MUITA SIMPATIA (ENTREVISTA PARA MARCOS FAERMAN E ERIC NEPOMUCENO, JORNAL EX-, 2 DE MAIO DE 1975)

Galeano, você é o autor de uma das mais belas reportagens escritas sobre a nossa América Latina; ela se passa num trem boliviano cheio de índios, de contrabandistas, de tiras... Como é que você foi parar neste trem?

Eu acho que fiz esta viagem em 1970, quando estava trabalhando meu livro *As Veias Abertas da América Latina*. Fui de trem, num vagão da terceira classe, simplesmente porque estava duro, duríssimo. Mas nesta viagem de quatro dias, infinitamente longa, conheci aquele povo, vi aquele monte de contrabandistas e índios muito pobres que vivem do contrabando-formiga. Há uma infindável briga entre os caras das alfândegas internas da Bolívia, que vem dos tempos da colônia, e os pequenos contrabandistas. Em cada alfândega há um cara que entra no trem e todo mundo fica apavorado. E o cara vai passando, gritando, querendo arrancar a lata de azeite do índio, que precisa dela para sobreviver; e vem aquele papo horrível, aqueles gritos...

Como é que você vivia na época em que fez o livro?

Vivia como podia; vivia muito mal. Trabalhava no Departamento de Publicações da Universidade de Montevidéu e tinha de me virar para sobreviver. Durante quatro anos fui recolhendo material aqui e ali, nas bibliotecas, com os amigos, mas precisava de muita experiência direta, e o livro seria, afinal de contas, bem melhor se eu tivesse dinheiro para fazer algumas viagens que não foram feitas, na condição de jornalista freelancer. Eu estive na Venezuela, por exemplo, só depois de ter escrito meu livro... e estava com medo de que as coisas não fossem bem como eu tinha dito! Mas eram.

Mas seu livro virou um verdadeiro best-seller do gênero.

Pois nunca imaginei que isto pudesse acontecer. Na verdade, eu queria fazer uma espécie de manual de divulgação de algumas ideias que estão escritas em "código" pelos economistas e sociólogos; queria converter tudo isto numa história de aventuras, num romance, numa história de pirataria, de amor, de traição, de tudo. E tem tudo isto, como se sabe, na história da América Latina. Bem, seis meses depois do lançamento, recebo uma cartinha da Editora Siglo XXI dizendo... "seu livro teve uma recepção discreta.., mas isto é o máximo que se pode esperar diante de um tema tão explorado. Mas a venda não é má... 546 exemplares". Agora já está em 126 mil.

A linguagem funcionou.

A minha vocação é o romance, o conto, a narração. Mas naquela época eu fiquei quatro anos sem escrever ou ler uma linha de narrativa, sempre às voltas com os chatíssimos informes dos economistas da ALALC, da OEA e não sei mais o quê... o dia inteiro com aqueles tijolos, aqueles cientistas-sociais, aqueles historiadores que escrevem para a minoria da minoria. Enfim: peguei uma bruta alergia do café que tomava para não dormir — trabalhava das 11 da noite às 5 da manhã — e uma alergia mais forte ainda a livros de ciências sociais etc. Há quatro anos não toco em nada disto. Em compensação fiquei satisfeito por ter escrito um livro que é lido até por porteiros de edifícios, jogadores de futebol, como o Ramos Delgado, que disse a revista *Gente* de Buenos Aires ter aproveitado as folgas da concentração do Santos para ler *As Veias Abertas da America Latina*. Acho que a importância do livro está numa linguagem que rompe com os chavões habituais da literatura progressista na América Latina. O que importa é dizer a coisa e não o nome da coisa, o palavreado. Além disso, é um livro indefinível: não é romance, não é ciências sociais, não é história; é um pouco de tudo, tentando captar as caras de nosso continente.

E você tem mais percepção do Brasil do que a maioria dos autores dos demais países da América Latina.

Você sabe, eu sou uruguaio, e o Uruguai é um país muito ligado ao Brasil, tem toda aquela faixa da fronteira que fala o portunhol, e tal. Para mim o Brasil é sempre uma injeção de vida, apesar dos pesares, apesar de você. (Cantarola a música de Chico). Quando começamos a fazer *Crisis*, tivemos a clara percepção de que era preciso falar de toda a cultura importante da AL, que é uma verdadeira contracultura. E que para isto deveríamos olhar muito para o Brasil. Pois a partir do número seis, sete da revista, começaram a chegar cartas dizendo que estávamos fazendo o jogo do subimperialismo brasileiro.

Carlos Drummond de Andrade, agente do subimperialismo!

É... aquela confusão toda que alguns sacanas e babacas fazem entre o sistema de um país e seu povo.

Mas vamos falar um pouquinho de sua vida, tá? Certa vez li que você desenhava, quando garoto.

E ainda desenho alguma coisa. Mas isto é raro, hoje em dia, porque a literatura é muito possessiva.

Você foi uma espécie de garoto prodígio de Montevidéu, não?

Bem, com 14 anos comecei no jornalismo, como desenhista, diagramador, e aos vinte era chefe da redação do Marcha, de Montevidéu, um ótimo jornal semanário que não morreu de morte natural, foi assassinado. Aos 24 anos, era diretor de outro jornal de Montevidéu. o Época. Fiz muitos jornais. Uns foram fechados pelos credores outros pelo governo. Depois fui para a Argentina, onde faço Crisis.

[Eric] *O Galeano podia falar das histórias que ele viveu pela América afora, pelo mundo, como repórter.*

Eu trabalhava num banco. Um dia fiquei com o saco cheio demais. Fui ao gerente e pedi que me pagasse o que devia, que eu ia embora. Naquela noite fui para Buenos Aires, trabalhar numa revista que foi, naturalmente, fechada pelo governo. Voltei para Montevidéu... e de lá parti para a China. Então, o meu conhecimento do mundo era... Montevidéu, Buenos Aires e Pequim. Isto e Marte. Fiz umas 400 entrevistas e depois de dois meses fui para Moscou. Era o ano de 1963, e os chineses me avisaram que eu podia ir à URSS. Tá legal, mas que a passagem de volta, quem ia pagar era a URSS, o que mostra que as coisas não estavam muito idílicas entre eles, que não eram relações de fotonovela. Mesmo assim, muita gente me chamou de agente da reação por escrever sobre o conflito sino-soviético... Depois da URSS. voltei para o Uruguai e parti para a Europa, Estados Unidos, Guatemala. Em 1967, fiz um livro sobre a Guatemala. Foi um ano terrível lá. com sete mil mortos pelo Esquadrão da Morte deles. A Mano Blanca e outras organizações parecidas. Estive com os guerrilheiros nas montanhas e escrevi um livro sobre isso. Mas em Montevidéu, nos cafés, falavam muito da triste morte de Eduardo Galeano nas montanhas da Guatemala. Quando voltei, uns caras desmaiavam ao me ver: "— Mas che, você não morreu, che?" Lá por 1971-72, quase morro de verdade nas minas de diamante da Venezuela. onde peguei malária duas vezes. Esta região mineira é uma mistura da pré-história com o ano dois mil. Tem diamante, mas é de quem pegar primeiro, e tem aqueles caras dormindo nas árvores que só bebem Balantines e só fumam Marlboro, e se ganham mil dólares numa semana... Na outra estão mais pobres do que uma barata. Bom, eu estava na praia com dois amigos quando eles começaram a falar das tais minas.

Não tinha nada para fazer em Caracas e falei: "— Ora, vamos para lá!" E fomos. Pegamos um carro e com ele chegamos a um pequeno povoado indígena. A partir daí, de avião, chegamos às minas. Havia muitos equívocos. Por exemplo: cada um de nós achava que o outro tinha dinheiro. Chegamos lá e descobrimos que nenhum de nós tinha. Era uma viagem prevista para três dias, mas passaram-se quinze porque nos tornamos prisioneiros da chuva e da pobreza, e assim ficamos esperando o primo de um deles chegar. No meio da selva, não tinha jeito da gente sair, a não ser por uns aviõezinhos caríssimos. E uma zona estranha, onde as prostitutas podem ganhar 400 dólares por uma noite, até 600. No meio do mato, existem povoados para 400, 500 pessoas, que vivem enquanto há diamantes, depois somem e aparecem outras. Quando voltamos para Caracas, estávamos os três com malária... E se a primeira foi benigna, coisa parecida com uma gripe forte, a segunda foi violentíssima. Estava num hospital e só me lembro que quando melhorei um pouco disse ao médico que queria pagar. Ele me disse: "Mas por que pagar? Este hospital é da universidade". Mas não, eu falei, eu ouvi falar em problemas econômicos... "Mas não — disse ele — você ouviu outra coisa, você escutou um dos caras que o trouxe aqui dizer: "este ai pegou a econômica'". Mas que econômica?, perguntei. "Econômica é o nome da febre que você pegou. Ela mata num dia, e a gente nem gasta remédio".

Histórias como esta eu levei para meus livros, *As Veias Abertas*, *Vagamundo* e outros. Em *Vagamundo*, livro de contos, eu escrevo a história real de um enorme negro nascido numa ilha britânica do Caribe e que estava na Venezuela atrás de diamantes. Acontece que o cara roubou um diamante e foi cercado pelos mineiros, que queriam matá-lo. Mas ninguém falava a língua dele, o inglês, e eu fiquei de intérprete do cara, apavoradíssimo, mas que não queria dizer onde o diamante estava. Os caras já estavam preparando as facas para liquidá-lo; ali não tem polícia, não tem nada, só tem uns tiras que aparecem de vez em quando para arrecadar "Impostos". No fim, o cara tirou o diamante que tinha escondido debaixo da língua. Achei esta história muito linda para contar, e contei. Depois tem uma outra história muito simples mas muito dramática do Alto Paraná, onde estive há dois, três anos. Uma mulher tem nos braços um menino lindíssimo chamado Noel, que está morto, que morreu ao longo da viagem de caminhão, ao longo das matas. É uma região recentemente ganha para a chamada civilização, fronteira do Paraguai, mas cheia de brasileiros. A mulher está viajando de caminhão, ao meu lado, e o menino morreu no curso da viagem. Acontece que ela não podia dizer que o menino estava morto, porque nenhum caminhão iria levá-la. É uma região cheia de superstições, e sempre se fala por lá que transportar cadáver dá azar. E o único que sabia do menino morto era eu. Esta é a matéria-prima de uma história de *Vagamundo*, "Noel":

A chuva tinha nos surpreendido na metade do caminho; tinha se descarregado, raivosa, durante dois dias e duas noites.

Fazia já algumas horas que o sol tinha voltado, e as crianças andavam ao pé do morro buscando o jacaré caído do céu. O sol atacava as lamas das roças e a mata próxima, arrancando nuvens de vapor e aromas vegetais limpos e embriagadores.

Nós estávamos esperando que um ruído de motores anunciasse a continuação da viagem, e deixávamos passar o tempo, entre bocejos, sentados de costas contra a frente de madeira do armazém ou deitados sobre sacos de açúcar ou de milho moído.

Dos braços de uma mulher, ao meu lado, brotava, contínuo, um gemido débil. Envolvido em trapos, Noel gemia. Tinha febre; um mal tinha entrado pela orelha e tomado a cabeça.

Para lá dos campos amarelos de soja, se estendia um vasto espaço de cinzas e tocos de árvores cortadas e carbonizadas. Logo tornariam a se erguer, por trás desses desertos, as espessas colunas de fumaça das fogueiras que abriam caminho em direção ao fundo da mata invicta, onde floresciam, porque era época, as campainhas avermelhadas dos lapachos. Esperando, esperando, adormeci.

Me despertou, muito depois, a agitação das pessoas que gritavam e erguiam pacotes, sacos e panelas. O caminhão, vermelho de barro seco, tinha chegado. Eu estava estendendo os braços quando escutei, ao meu lado, a voz da mulher:

— Me ajude a subir.

Olhei para ela, olhei para o menino.

— Noel não se queixa mais — disse.

Ela inclinou a cabeça suavemente e depois continuou com a vista sem expressão, cravada nos altos arvores onde se rompiam as últimas luzes da tarde.

Noel tinha a pele transparente, cor de sebo de vela; a mãe já tinha fechado seus olhos. De repente, senti que minhas tripas se retorciam e senti a necessidade cega de dar uma porrada na cara de Deus ou de alguém.

— Culpa da chuva — murmurou ela — A chuva, que fecha os caminhos.

Mais que tristeza, era o medo que apagava sua voz. Qualquer motorista sabe que dá azar atravessar a selva com um morto.

Subimos na carroceria. Os contrabandistas, os peões do mato, os camponeses celebravam com cachaça a aparição do caminhão. Alguns cantavam. O caminhão partiu e todos ficaram em silêncio depois dos primeiros trancos.

— E agora, por que você continua?

Foi a primeira vez que olhou para mim. Parecia assombrada.

— Aonde?

— Isso leva a gente para Corpus Christi.

— Para lá é que eu vou. Vou até Corpus rezar para que chegue o padre. O padre tem que fazer o batismo. Noel não está batizado e eu vou esperar até que chegue o padre com as águas sagradas.

A viagem se fez longa. Íamos aos trancos pela picada aberta na selva. Já era noite fechada e por aquela comarca também vagavam, disfarçadas em bichos espantosos, as almas penadas.

E agora, Galeano?

Eu tenho escrito muito sobre o Uruguai. Sofro muito com a situação de meu país, onde se instalou uma máquina de destruir o homem. Narrei isto numa história que ganhou o concurso da Casa de las Américas, e que também será publicada no Brasil. É a máquina da opressão em funcionamento na vida cotidiana, a perseguição e o assassinato em todas as suas formas, o escravizamento de um destino. É aquela coisa de você se sentir sem futuro, sem nada. E a falta de liberdade até nos planos em que ela não é clara. O jovem é visto como um inimigo e vai embora. Setecentos mil uruguaios vivem hoje na Argentina e o Uruguai é um país de dois milhões e meio de habitantes! Imagine estas coisas. Isso dói muito em mim e em todos os uruguaios.

[Eric] É importante se lembrar que o Uruguai tinha três milhões de habitantes em 1969.

Individualmente, podemos até viver bem no exterior, porque o nível cultural do Uruguai é bom, é uma mão-de-obra boa, especializada... Dá pra se viver bem melhor do que no Uruguai. Mas há um problema gravíssimo — a perda da nacionalidade. Você vira um cara sem raízes, no ar; sofre a gangrena do país que está se esvaziando... todos os sistemas opressivos são inimigos da vida. E há tentativa de não deixar o jovem ser jovem.

Por isto mesmo um jornal humanista como **Marcha** *não podia sobreviver.* **Marcha** *que foi, talvez, o melhor semanário que já tivemos na América Latina.*

E eles fecharam o *Marcha* porque era um jornal importante, um jornal que conseguiu viver 35 anos. Colaboravam, por exemplo, o Pablo Neruda, o Octavio Paz, o Mário Benedetti, que foi um dos editores, o Onetti, que foi chefe de redação, e o Júlio Cortázar. Todo mundo, o Asturias... *Marcha* é a mãe de *Crisis*. Trabalhei quatro anos lá. Me formei junto com Carlos Quijano, um velho jornalista sensacional, muito digno, um Dom Quixote, um cavalheiro-fidalgo, um economista com um charme incrível para dizer as coisas. Em todos os sentidos, ele foi o meu mestre no jornalismo. Onetti foi o primeiro chefe de redação, lá no ano de 1939, quando *Marcha* nasceu. Eu sei que ele até morou no *Marcha*, em 1939, mas como nasci em 1940, só sei disto por certas referências. Quijano pagava Onetti com almoços... ovos fritos, vinho. *Marcha* foi sempre muito bom e muito pobre.

Claro que não tão pobre como nosso jornal. Mas como é que o Marcha *viveu tanto tempo?*

A situação do país dava para isto. Já não dá mais. Nem do ponto de vista econômico, nem do ponto de vista político. *Marcha* chegou a ter 35 mil leitores, o que num país pequeno é um milagre. Mas isto era explicado pelo alto nível cultural do país e pela amplíssima margem de liberdades; você podia dizer o que quisesse ou quase isto. O pessoal trabalhava por fora para ganhar algum dinheiro, e no *Marcha* "por amor à camisa". Depois disto eu dirigi durante dois anos um tabloide diário de 32 páginas sem ganhar nada!

Galeano, você não quer vir trabalhar no EX-?

(Risos) Este jornal chama-se *Época*, e eu o dirigi de 1964 a 1966. Nesta época eu tinha 24 anos e era um dos mais velhos da redação... Uma redação onde ninguém ganhava nada. E que se às vezes tinha 50 colaboradores, às vezes não tinha nenhum. Olha, chegou um dia em que não tínhamos nem jornalistas, nem máquinas de escrever, nem teletipos, porque as agências tinham carregado os teletipos, nem telefone, que foi cortado porque não pagamos a conta, e o único rádio tinha caído no chão e quebrado. Eu e os outros quatro caras que tinham aparecido na redação ficamos nos olhando, e concluímos que só havia uma coisa a fazer: ir para a janela ver se acontecia alguma coisa na rua.

[Eric] Um dos personagens famosos deste jornal era o cronista do turfe.

Ele era um sujeito sensacional, filho de família ilustre, um gordo leninista que adorava cavalos. Era um especialista em coisas estranhas, um cara que conhecia profundamente o mundo das drogas, o mundo dos cavalos de corridas... Então, ele acertava todas. Época era um jornal lidíssimo pelos progressistas e pelos fanáticos de cavalos. Todo o dinheiro da venda avulsa era, às vezes, jogado nas corridas. Todos os loucos de Montevidéu iam à redação de Época. Um deles tinha mania de roubar anjos, esses anjos de mármores que ficam fazendo xixi nas praças; pois ele roubava um anjo e corria para a redação. "Esse jornal não se vende — gritava o cara — é o refúgio dos perseguidos". Quem frequentava muito a redação era a raça dos gigolôs. Cada vez que uma menina era presa, aparecia um gigolô na redação protestando contra a prepotência da polícia. A redação estava cheia de loucos, de perseguidos pelas formigas, de inventores, como um cara que enchia o saco de todo mundo falando de uma nova invenção para apagar fogo sem água disparando um tiro de canhão com areia. E tinha as bichas que iam dançar nuas em cima das mesas da redação... Um dia, o jornal pegou fogo. Fui para lá caminhando, muito triste, e no meio dos policiais, da fumaça, eu vi um cara que tínhamos mandado embora porque só fazia papelão, só dizia besteira, e o cara estava numa bicicleta de circo, daquelas que têm uma roda enorme e a outra pequena... olhando para o incêndio e rindo, dando gargalhadas. Era a vingança. Lembro até de uma frase que o Alberto Carbone, um jornalista muito importante lá dos nossos lados, disse a ele: "que lindo abuerto se perdió tu vieja"... Hoje em dia, todo mundo de Época está no estrangeiro... alguns foram mortos. Que história sensacional se a gente reunisse todo mundo para relembrar aquele tempo... daria um lindo livro.

Montevidéu tem histórias incríveis, personagens incríveis, como Paco Spinola.

Paco Spinola é um escritor quase tão bom como Onetti mas muito pouco conhecido fora do Uruguai. Ele conta histórias dos subúrbios das pequenas cidades do interior enquanto Onetti fala do drama da urbe grande, aquela coisa do cara que fica olhando para o teto, que não tem coisa alguma dentro de si. Esse é o personagem de Onetti. Paco foi um cara importante, que recolheu lindas histórias do interior e as contou numa linguagem sensacional. Uma delas é a famosa história da galinha, que seus amigos gostam de repetir. Paco era um tipo muito guloso, e gostava de comer galinha. Ele tinha uma irmã, dona Vitória, proprietária de uma chacrinha no interior; era uma chacrinha muito pobre, com gente muito generosa e muito fraternal. Dona Vitória fazia sempre bons almoços com arroz, batatas, muita coisa, mas ela proibiu que se tocasse nas galinhas. Um domingo, meio dia, Paco foi convidado para um destes almoços. De repente, ele desaparece; mais ou menos uma hora depois, eis o Paco vindo, de longe, com um "vulto" na mão. À medida que ele vai chegando perto, se descobre que ele tem na mão uma galinha morta. Mas vem com tanta tristeza, vem tão abatido, com a cabeça baixa, assim, bamboleando aquela galinha na mão, que ninguém o reprova. A irmã aproxima-se e pergunta: "Mas o que é que tu tens, Paquito?". Ele falava de um jeito muito particular, tinha o queixo muito pronunciado... "Nada, diz ele, nada. Bem, aconteceu uma coisa importante". "Mas o que foi, Paquito?". "Bem, eu estava tomando um solzinho quando vem uma galinha, aí eu peguei e lhe dei uns grãozinhos de milho... ela vem, come e se retira. Depois veio uma galinha vermelha e eu também lhe dei uns milhinhos; ela come, ela se serve, ela se vai. Depois, depois chegou esta ai — e levanta a defunta — chegou e me olhou assim ó. Eu lhe digo: 'você não come, filha minha?' E ela me diz: 'Vá para a puta que o pariu'". Então ele diz chorando para a irmã: "Percebes o que ela disse, maninha, percebes... é a nossa mãe!". Ela diz: "sim, está

bem, me dá a galinha que eu vou depenar e botar ela no fogo". Aí o
Paco fica sozinho com os amigos. Chama o pessoal e lhes diz: "vou
dizer a verdade pra vocês: a galinha não disse nada".

Mas o Paco tem mil histórias. Uma vez ele foi nomeado delegado do Uruguai na Unesco. Ele foi à sua cidadezinha de trem, para
receber as homenagens de seu povo. Mas na cidadezinha ninguém
sabia o que era Unesco. Ele chega lá e conta assim: "Estavam todos,
todos: o prefeito, os doutores, até as putas com suas peles... era um
dia de verão, imaginem, e tinha um sol. Estava toda a cidadezinha
reunida e eu tinha que explicar-lhes o que era a Unesco para que
soubessem a importância que tinha o fato de um filho de San José
chegar à Unesco como delegado do Uruguai, delegado da Pátria!
Tinha que ir aí explicar como fazia, né? Então me ocorreu o seguinte e lhes disse: "Vamos supor, fazer de conta que estamos todos
aqui reunidos e começamos a tomar vinho. Tomamos uma garrafa,
duas, três, cem garrafas de vinho. Ao final, estamos todos bêbados,
e brigamos uns com os outros, a gente faz um barulho grande de
verdade. Aí vem a polícia leva todo mundo preso... menos a mim...
ah, a mim ela não prende!". Esse foi o jeito que ele achou melhor
para contar aos caras como era importante a Unesco! Assim são
as histórias de Francisco Spinola, Paco Spinola, um cara legal que
morreu no dia do golpe de Estado no Uruguai, em julho de 1973.

*E aquela interminável discussão a respeito dos escritores latino-americanos que vivem na Europa? Ouvindo você, pensei com
mais clareza na posição do uruguaio Mário Benedetti, intransigente crítico dos "exilados de Paris". E o que pensei é que para*

um uruguaio é difícil entender que alguém vá deixar sua terra sem a coação da fome ou da polícia.

É verdade que muita gente pensa que o Uruguai não tem destino nem sentido como país, e que deve desaparecer. Estamos vivendo agora uma diáspora pior que a dos judeus, porque não temos raízes sólidas comuns. O que une um uruguaio ao outro no exílio? Mas eu acho que não se deve ter uma posição radical diante dos escritores do "exílio". Há muita coisa mais importante do que o boom, que não passa de um problema transitório de sucesso comercial de alguns autores. Em primeiro lugar, seria preciso definir com clareza o que é nacional e o que é estrangeiro. A literatura que conhecemos na América Latina é a cultura com a bênção pública e oficial, quer dizer, uma cultura que se produz, gera e consome num círculo muito limitado e num raio muito pequeno da população total de cada um de nossos países. O escritor provém de uma elite consumidora e trabalha para ela porque é essa elite consumidora que compra livros; isso é claríssimo. Mas as grandes massas da América Latina têm outra cultura. E a grande verdade é que as centrais norte-americanas de TV, os anúncios da Coca-Cola, têm uma relação mais íntima com a cultura latino-americana tal qual ela é, do que os melhores romances de Onetti e Juan Rulfo.

A cultura que o povo consome não é a cultura latino-americana do mais alto nível, a que tem a ver com a conquista de nosso destino, mas aquela que nos é induzida de fora pelos meios de comunicação que respondem às necessidades dos interesses econômicos dominantes. Isto determina que esta minoria consumidora que os intelectuais integram nos países latino-americanos seja um grupo que vive uma vida importada. Vive às custas da tradição, da história, das características reais do país que habita, porque o seu nível de consumo lhe permite ascender — eu me refiro à classe média alta, à classe média e à classe alta — a padrões de vida e de consumo que são padrões europeus e norte-americanos: automóveis, livros, cinema, teatro, e revista *Crisis* também.

Enfim: gostaria que o que eu faço chegasse além dos limites a que chega normalmente um livro na América Latina, mas eu não me engano diante do fato de que as massas do continente são totalmente alheias ao que podemos dizer. Mas eu me pergunto, conhecendo muitos intelectuais latino-americanos, se não há tipos que são mais alheios à nossa vida, vivendo em nossos países, do que no estrangeiro? Temos que ter muito cuidado com estas coisas: não é a geografia que determina o maior ou menor vínculo que um homem pode ter com sua pátria, com o destino de seu povo. A melhor pintura uruguaia de todos os tempos foi feita em Paris por um velho pintor de meu país. Mas, por outro lado, tem que se levar em conta que esta terra vive tão cheia de aventura e violência, e que muda, cotidianamente, com tal velocidade e intensidade, que estas experiências não poderiam ser vividas em outro lugar. Um homem que não está convivendo com essa tensão diária pode perdê-la de vista. E depois de algum tempo a boa vida na Europa pode introduzir mudanças não desejadas por um criador naquilo que escreve. Tudo isso não quer dizer, como falei, que um tipo que viva numa cidade latino-americana esteja vacinado contra a alienação.

E como é que Cortázar fica nesta?

O Cortázar, coitado, é o mais atacado, porque vive em Paris. Mas creio que é um homem sincero, muito honesto, que não faz trapaças, que escreveu coisas importantes para toda a América Latina. Lamentavelmente, ele tem imitadores que confundem a literatura de Cortázar com um vazio exercício de estilo, uma pirotécnica para deslumbrar incautos; são os tais caras que estripam palavras, estrangulam frases, jogam com a linguagem, como se ela não fosse uma ferramenta, um digno instrumento de trabalho.

Você acha que os 24 anos de "exílio profissional" do Cortázar em Paris são os responsáveis pelos equívocos do **Livro de Manuel?** *(O livro mais recente de Cortázar, que tem como tema a violência na Argentina).*

Bem, isto pesa, sobretudo quando ele quer reproduzir a realidade argentina em seus aspectos mais dolorosos e violentos. A tensão é uma coisa que a gente respira. Ou não. A vida está aqui.

Mario Vargas Llosa construiu boa parte de sua obra no exterior, e quem duvida de sua importância?

Eu gosto muito dos primeiros romances dele. *La Ciudad y los Perros* (*Batismo de Fogo*) é a grande novela da violência na América Latina — e foi escrita na Europa. Já *Conversaclón en la Catedral* me pareceu uma espécie de demonstração de habilidade técnica, afinal

Vargas Llosa é um cara incrível capaz de fazer um diálogo com 60 vozes. Mas é uma novela que não tem o fogo interior de *La Ciudad y los Perros*. Eu prefiro a literatura da experiência sofrida ou gozada.

Ele anda dizendo muita bobagem hoje em dia.

Mas eu prefiro o equívoco à hipocrisia. Falo isso do ponto de vista pessoal, mas politicamente eu acho muito equivocadas as opiniões de Vargas Llosa. A sua crítica à expropriação dos jornais peruanos não é a expressão de um socialismo aberto, mas apenas a lamúria da velha anciã liberal. A verdade é que muita gente estava esperando um Soljeniltsín peruano. Um homem tem de ser sincero mas deve medir cuidadosamente o que faz e diz, porque as opiniões de um escritor importante como ele pesam na sociedade.

E pessoalmente, como ele é?

É um cara que tem uma disciplina incrível: tem horário de escritório para escrever. O Onetti costuma dizer que a diferença entre ele e o Vargas Llosa é que o Vargas Llosa tem com a literatura a relação de um esposo, e ele tem uma relação de amante. Tem uma vida muito ordenada, acorda todos os dias à mesma hora, sabe hoje o que lhe acontecerá dentro de um ano.

Pantaleão e as Visitadoras *faz muito sucesso no Brasil, atualmente.*

E é um péssimo livro. Porque ele não tem senso de humor, logo não pode fazer um livro de humor. É aquele tipo de sujeito que só ri de uma piada depois de uma explicação. Mas vou falar, agora, alguma coisa sobre o Onetti, uma história que mostra melhor do que qualquer coisa o seu caráter e a sua literatura. Uma vez, faz dois anos, Onetti foi a Buenos Aires como jurado do concurso de Literatura da Editorial Sud-Americana e do jornal *La Opinion*. Então ele me chama pra jantarmos juntos. Bem, ele estava meio doente, como sempre. É um cara muito fraco, um homem envelhecido, bebe muito, não come nunca, mistura pílulas de diversas cores e tamanhos. Toma pílulas para se tranquilizar, para regular, para acordar, para dormir, e mistura todas elas com uísque, com vinho... é essa a sua alimentação. Consome de sólido as pílulas e de líquido o álcool. Magro, alto, muito silencioso e muito digno, uma concepção muito negativa do homem e de seu destino. Muito negativa: ele acha que o homem não pode ser redimido. O homem é uma merda e continuará uma merda, com capitalismo ou sem capitalismo. Mas ele faz uma grande literatura, muito sincera e muito delicada; áspera, seca, verdadeira como poucas, com grande beleza de estilo, é um homem com a capacidade da beleza para dizer uma coisa como poucos escritores da América Latina. Mas com uma concepção muito negativa do que é a condição humana. Então ele se defende o tempo todo de sua própria ternura. Então, naquela noite fomos comer com sua mulher. Comíamos, e ele estava calado. Falávamos de muitas coisas, de Buenos Aires, onde tinha vivido... Bem, ele não falava quase nada, até que um momento disse à sua mulher: "Você quer ir ao banheiro, não?" Ela disse: "não,

não". "Ah", ele disse, e continuou comendo. Um pouco depois ele insiste: "Você não quer ir ao banheiro? Juro que tens vontade de ir ao banheiro". "Não, não", disse ela — é muito ingênua. "Não tenho vontade de ir ao banheiro". Pouco depois, com o garfo no ar ele disse: "Estás com o nariz brilhando, convém que vás ao banheiro e ponhas um pouco de pó-de-arroz". Ela tira o espelhinho da bolsa e lhe responde: "Não, não está brilhando". Guarda o espelhinho e fica. Isso quatro, cinco vezes, até que ele insiste na coisa e ela reage pela primeira vez. Diz: "Ah, você quer ficar sozinho com ele. Mas devia ter me dito isso, assim eu ia embora". Então ela começa a chorar e se levanta para ir embora. Ele diz: "Não, de maneira nenhuma, sente-se, fique aqui, vamos comer a sobremesa". Foi a pior sobremesa da minha vida, imagina a situação, os três comendo a sobremesa em silêncio. Ela terminou a sobremesa e foi embora. Aí pedimos café. Passa uns 20 minutos e ele me diz: "O que são as coisas, o que é a vida. Eu queria estar sozinho com você, sabe pra que? Para te dizer que eu estou muito bem com ela, que sinto como numa primavera da vida, que me sinto como que renascido com ela, que fazia anos que isto não acontecia... E que aqui em Buenos Aires eu volto a amá-la loucamente. Era isto que eu queria te dizer, que coisa, não?". Acho que essa história o retrata como nenhuma outra.

[Eric] Você é um especialista nestas histórias, Galeano. Isto me lembra o seu encontro com Rulfo, em Buenos Aires. Ligaram várias vezes para a **Crisis** *dizendo que Juan Rulfo estava em Buenos Aires e que ia ficar um dia apenas, mas queria ver o Galeano.*

*Galeano não acreditou mas marcou um encontro no Hotel Plaza,
só para ver quem estava dando o trote. Chega lá — e encontra
o Rulfo.*

Eu não conhecia o Rulfo, fiquei um pouco assim... Acho que ele
é o escritor mais importante da América Latina. Estava um pouco
inibido e ele falava muito. Ele é muito mentiroso, mas muito mesmo. Faz vinte anos que não escreve, desde o *Pedro Paramo*. Tudo
que ele escreve, queima. Queimou um romance, coisas assim. E
todo mundo sabe que ele não escreve. Mas ele mente e diz que tem
um livro de contos pronto, mas que não tem tempo para revisá-lo.
Mas como não tem tempo, lhe perguntei? "Porque trabalho muito
no Instituto Indianista do México". Mas podias conseguir uma licença. "Não, além do mais meus nervos estão em estado de miséria". Mas por que não pede uma licença médica? "Não, eu não creio
nos medicamentos, além do mais não gosto dos médicos... meu
único amigo médico é cardiologista e meu coração está bom". Mas
vá a um médico e diga qualquer coisa. "Não posso. Não posso...
como vou chegar num médico e dizer: estou doente, doutor; sabe
o que acontece doutor? Estou triste. Ah, ele não me dá licença".

*Você esteve há pouco tempo com o Garcia Marquez, não? E o tal
novo livro dele?*

Ele está com esse romance que acabou, mas está corrigindo
muito, duvidando muito. É uma responsabilidade imensa ter escrito *Cem Anos do Solidão*. Então ele está com medo, com muito medo

do que possa acontecer com o novo livro. Ele mandou para Crisis duas páginas do original. É um texto à máquina, muito corrigido. Parece que é um romance muito diferente de *Cem Anos de Solidão*. Ele me disse que pretende publicar depois um livro de contos reunindo cem histórias que tem num bloco onde ele anota coisas que lhe acontecem na Europa. Seriam as aventuras de um latino-americano na Europa. Ele me contou que da primeira vez que chegou à Europa, foi a Roma e haviam lhe recomendado uma dessas pensões que existem por lá... são várias pensões num mesmo edifício. São hotéizinhos muito simpáticos, em prédios velhos; cada andar tem um albergue diferente. Disse que haviam recomendado um... Ele pegou o elevador para ir pra lá — ficava no quarto andar — e viu um monte de ingleses de shorts, tomando chá na entrada. Ele ficou tão apavorado com aquele monte de ingleses — ele, um colombiano com cara de argentino — que fugiu para o quinto andar, onde tinha um outro albergue, e ficou lá. Na manhã seguinte, encontra um amigo que lhe perguntou como ia, e tal. "Estou no albergue tal", falou. "Ah, sim, bem em cima do outro albergue?" "Sim", respondeu. "Você não viu o jornal de hoje? Morreram mais ou menos 17 ingleses de intoxicação!"... Mas isto aí deve ser mentira, porque ele inventa muita coisa... Mente muitíssimo. Inventou uma biografia totalmente falsa, mas muito divertida.

Aquela do bordel? A vida dele num bordel? Pois o Ex- publicou. Jamais perdoaremos o senhor Gabriel Garcia Marquez... É a primeira mentira... ahhhh... que nosso jornal publica.

Pois é tudo mentira. Ele tem a vida mais chata que você pode imaginar. Mas ele tem uma fantasia enorme, então ele cria mentiras sensacionais. Eu acho legal um cara inventar uma vida, é isso que ele faz. Eu acho perfeito. Ele inventa as coisas mais absurdas. Tem mil mentiras excelentes... Uma imaginação! Toda biografia dele é inventada. Há uma única mulher na vida dele. Mas ele inventa uma biografia sensacional... Casou com uma namoradinha de adolescência. Mas ele gosta de dizer que viveu muito tempo num bordel, aquela coisa toda.

E o velho Borges?

Borges é um sujeito muito acessível, sabe? Mas é um reacionário fantástico; ao lado dele o Ronald Reagan é um Fidel Castro. A Maria Ester Grillo fez uma entrevista maravilhosa com ele, mas tive que cortar a metade porque ele dizia coisas que não fariam nada bem a ele. Ester disse: "Borges, eu te admiro tanto... gosto tanto do que você escreve, mas você brinca com os entrevistadores e as entrevistas... diz brincadeiras que eles levam a sério". "Que coisas?". "Como os negros... você diz que são inferiores aos brancos...". "E são", diz o Borges. "Você nunca olhou, nunca sentiu o cheiro deles?". E daí para frente, como: "Os índios morreram e estão bem mortos".

[Eric] *Você chega a Buenos Aires, telefona para ele, diz que quer entrevistá-lo... é na hora.*

Por exemplo, um uruguaio queria conhecer Borges... Não é ninguém, ninguém conhece este uruguaio. Ele se chama Felipe Moreira. Telefonou pra mim e disse "eu quero conhecer o Borges". "Procura na lista telefônica o telefone dele, vê o endereço e vai lá". O cara foi pra casa do Borges, tocou a campainha, perguntaram quem é, e ele disse: "Felipe Moreira do Uruguai, quero ver Borges". Mandaram entrar, ele entrou e viu o Borges numa mesa enorme comendo sozinho, aquelas mesas enormes, para muitos convidados, e o Borges sozinho, no meio das toalhas brancas, bordadas, com os candelabros, e um omelete de batatas no prato. Ele é cego, completamente cego. Chega o Moreira e ele diz: "ah, do Uruguai, pois minha avó é do Uruguai. Sente-se, sente-se". E o cara assistiu durante meia hora a guerra entre o Borges e o omelete, porque como ele é cego, tentava pegar o omelete com o garfo e ele escapava; o omelete fugindo e ele perseguindo pela mesa. com o garfo. Afinal, pegou e pós inteiro na boca.

Esta história do velho Borges nesta situação é tão estranha quanto os contos que ele mesmo escreve. Mas o que você me diz de Rodolfo Walsh, este magnífico jornalista, autor de **Operação Massacre**, *um trabalho muito melhor do que muita coisa que virou moda entre os repórteres brasileiros — e no entanto absolutamente desconhecido.*

Walsh é o cara que melhor demonstra o quanto é importante o jornalismo para um escritor. Eu acho que o jornalismo é importantíssimo para um cara que pretende escrever, porque te ensina a dizer as coisas diretamente, a ser claro, a ser sintético e a ter a coragem necessária para entrar na vida dos outros. Walsh foi um grande jornalista e um grande escritor. Tem contos incríveis. Uma de suas histórias é um conto-reportagem, um conto-real, uma entrevista com um coronel do exército argentino, um dos homens que teve a seu cargo a tarefa de fazer o corpo de Evita sumir. Antes do corpo aparecer num cemitério da Itália, houve na Argentina um mistério muito grande em torno do destino do cadáver de Evita, inclusive a versão aceita hoje em dia propõe que a equipe dirigente da Revolução Libertadora em 1955 entregou, em missão secreta, sete ataúdes diferentes a sete pessoas, para que os fizessem desaparecer. Um dos sete ataúdes continha o cadáver e os outros seis estavam vazios. Então, Walsh vai e entrevista um dos coronéis que havia recebido um ataúde, e que era um homem encurralado pelas ameaças, um acossado. O diálogo converte-se num conto magnífico chamado "Esa Mujer".

O autor está no conto o tempo todo tentando tirar informações do cara que se defende. E o coronel limita-se a dar algumas informações para que a curiosidade do jornalista não morra; mas não diz tudo porque quer tê-lo preso, como tem presa na memória a recordação da mulher que fez desaparecer. Aí entra a conversa a respeito de um caudilho do interior da Argentina, da guerra civil dos montoneros do passado, que foi enterrado de pé. "E lhe enterramos de pé porque era um macho*', diz o coronel. E quando o jornalista abandona o coronel, porque não há nenhuma possibilidade de lhe arrancar a verdade — porque ele já tentou de tudo, simpatia, suborno, extorsão, ameaça, cordialidade, tudo, e tudo fracassou, então ele vai embora, vai descendo a escada, e o coronel que está muito tenso com o que aconteceu e transpira (ele é um gordo frenético), o alcança na boca da escada e grita: — "você jamais vai ter esta mulher... esta mulher é minha!, é minha!".

É uma história fantástica. Mas jamais permitiria que esta sagrada inquisição sobre a América Latina e seus escritores terminasse sem um toque a respeito da figura e da obra de José Maria Arguedas, o índio peruano.

E você tem razão. De imediato penso em dois dos seus livros, *Los Rios Profundos*, que considero o melhor, e *El Zorro de Arriba y El Zorro de Abajo*, um romance-testamento. Ele decidiu escrever este livro a partir do momento em que decidiu matar-se. Havia feito várias tentativas de suicidio, mas todas haviam falhado. Mas um dia ele decidiu matar-se com arma de fogo, e essa tentativa não falha, é pra valer. Ele conseguiu a arma e a guardou durante um ano... Durante esse ano, ele escreveu a última novela de sua vida, que é o testamento onde ele diz tudo o que pensa sobre todo mundo, porque ele vai morrer, e não tem nenhum problema, pode falar com toda a sinceridade. Sim, eu penso que o que está no fundo da coragem é a consciência da morte; se alguém sabe que vai morrer, tudo passa a ter um valor muito relativo, e isto faz com que se conquiste uma temeridade e um valor muito maior do que o de outra pessoa ainda ligada a uma ficção de imortalidade. Ganha-se a coragem de um Arguedas. Este romance de que falei é ao mesmo tempo a história de Chimbote, uma aldeia de pescadores, e o testamento literário e humano de Arguedas, onde ele, de capítulo em capítulo, vai dizendo tudo o que pensa dos outros escritores e de todo mundo. Ele divide os escritores em profissionais e não profissionais, que são aqueles que escrevem com as vísceras. Entre os profissionais, ele incluía o Carlos Fuentes e o Cortázar, que ele odiava. O livro foi publicado depois que ele morreu. Ele suicidou-se — e eu li o livro na Venezuela. Quando fui a Montevidéu, depois disto, visitei o Onetti e lhe falei do livro, que ele ainda não tinha lido. Arguedas diz no livro uma das coisas mais bonitas que se pode dizer sobre uma pessoa — "Estou em Santiago do Chile e gostaria de ir a Montevidéu para ver Onetti e apertar a mão com que ele escreve". Contei isto a Onetti — e ele começou a chorar. Pobre Onetti, que tanto fabrica culpas.

Você falou coisas muito verdadeiras sobre a morte e sobre a coragem. No meio da violência em que vive a Argentina, Crisis, apesar de ser "apenas" uma revista de cultura, não é ameaçada? Não recebe aqueles famosos telefonemas anônimos?

Crisis já recebeu várias ameaças por telefone, mas você não pode dar crédito a estas coisas. Pode ser um cara furioso porque você pegou a mulher dele; pode ser um amigo brincando; pode ser um cara que está indignado porque a revista não publicou um poema dele. Sabe, tem o esquadrão da morte dos poetas que é o pior de todos... Sim, os poetas unidos são uma força. É desse esquadrão que eu tenho medo.

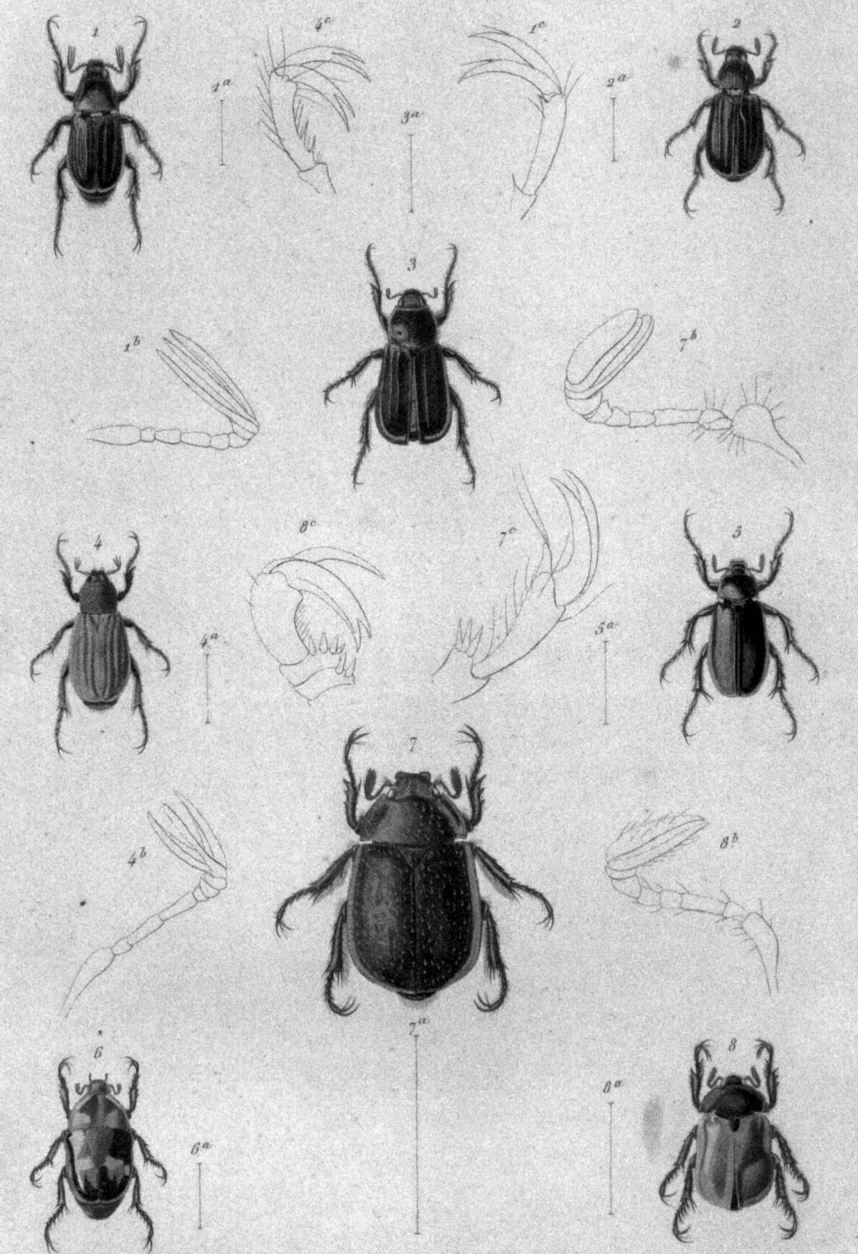

1. Alvarinus submetallicus, Blanch.   2. Faula cornuta, Blanch.   3. Ulomenes hypocrita, Blanch.
4. Plectris decolorata, Blanch.   5. Hilarianus anguliceps, Blanch.   6. Antichira maculata, Blanch.

1. SERRANUS CARAUNA . Margr.

Lith. Gény-Gros, Paris.

ANUS OUATABILI. Cuv. Val. 3ª.

NAS MINAS DE DIAMANTES
E HISTÓRIAS

Eles chegam de todas as partes. Os mineiros abrem caminho pela selva a golpes de machado, cada qual levando ao ombro uma pá, uma peneira, uma alavanca e um balde. Eles vêm de Gran Sabana, do Caroni, de Rio Claro e de Playa Blanca. De repente a selva de Guaniamo se converteu na principal fonte de diamantes de toda a Venezuela. Mas não chegam só os venezuelanos. Também os colombianos, os brasileiros, os de Trinidad: homens de rostos duros, sem documentos nem nomes, nem vontade de falar do passado.

Os acampamentos surgem num lance de dados. Aqui se misturam o primeiro dia da criação e o último dia da civilização: as cobras dormem embaixo das barracas e, nas barracas, os mineiros fumam cigarros Lucky Strike. Este é um cenário do descobrimento e da conquista da América, com Diego de Ordaz redivivo com espada e couraça, mas iluminado pelas luzes ofuscantes de neón, e o barulho da música da moda em aturde os ouvidos, saindo dos toca-discos Wurlitzer.

Os povoados nascem e morrem sem que tenham tempo para figurar nos mapas. Saltam de um ponto a outro da selva, ao ritmo que lhes marcam as sucessivas "bombas" de diamante. "Estoura outra mina e não temos tempo para pensar se estamos instalados com casa e tudo o mais. Agarramos o que vemos primeiro e nos largamos. Nunca pensamos num fracasso". Malavé é mineiro velho. Passou muitos anos percorrendo o estado Bolívar, em busca das duras pedras resplandecentes. Malavé respeita os diamantes. Crê que têm mistérios muito poderosos. Para a perseguição dos diamantes, os mineiros se deixam guiar pelo canto dos pássaros e por alguns sinais favoráveis nas areias dos rios ou no fundo da terra. Também se deixam guiar, às vezes, pelos sons ou imagens dos sonhos. Os diamantes se mostram, escondem, reaparecem; há mineiros que dizem, como Malavé, que os diamantes brotam como as plantas.

Um exército de putas, jogadores e comerciantes acompanha a peregrinação dos mineiros. A "zona soja" se organiza ao mesmo tempo em que se erguem os primeiros casebres de madeira e lata e folhas de palmeiras e enquanto se abre um clarão na mata para os helicópteros. Os povoados do diamante não têm cemitério, nem farmácia, nem igreja, nem hospitais, nem escola. Chamam-se, por exemplo "Sabanon" ou "Tiro Loco", "Resbalón del Diablo", "Los Bigotes del Gobernador". Um dos acampamentos foi batizado "El Veinticuatro", em homenagem a uma formiga gigante que deixava qualquer um louco por 24 horas. Outro se chama "Pela-patrás" porque ali chegaram muitos mineiros que foram embora roubando burros ou cavalos, sem aguentar a caminhada a pé pelas serras hostis. "El Caracol" nasceu em julho de 1970 e durou até abril de 71. Chegou a ter 5 mil habitantes na época da euforia. Agora está abandonado. "La Salvación" surgiu em outubro do ano passado.

Neste momento é a mina de diamante mais importante da Venezuela. E também o principal foco de impaludismo de todo o país. Um mineiro a batizou de "La Salvación", porque nas outras minas as coisas andavam ruins quando descobriram os diamantes nessas serras leitos de rios. E os mineiros já não faziam nem para a comida, quando "La Salvación" apareceu.

O DELÍRIO DOS PREÇOS

Há diamantes, dizem, até nos cascalhos que estão cobrindo a pista de aterrissagem. O minúsculo aeroporto de "La Salvación" também serve de cemitério para os aviõezinhos que despencam ou aterrissam com problemas. Na semana santa caiu um porque, segundo dizem, o piloto se esqueceu de colocar gasolina: meteu-se de bico entre as árvores. O vento faz o que quer com esses Cessnas de brinquedo, mas as empresas cobram as passagens a preço de ouro e, enfim, não há outra maneira de entrar ou sair. Graças aos aviõezinhos, ainda assim, baixam os preços em "La Salvación". Antes, quando se tinha de trazer os alimentos e as bebidas carregadas nos ombros através das serras, uma aspirina custava meio dólar. Quando, pela primeira vez, desceu um helicóptero na mina "El Vandado", os mineiros o assaltaram feito abutres: trazia duas rezes. Em menos de cem dias um comerciante ganhou o equivalente a 150 mil dólares. Agora os preços estão baixos em "La Salvación" e isto significa que um jornal da semana passada ou uma lata de cerveja custam quatro vezes mais do que em Caracas, que o leite é seis vezes mais caro e o arroz e o café valem dez vezes mais. O preço do rum é 12 vezes mais alto do que na capital e o da gasolina, 40 vezes. A doença é a única mercadoria grátis. E elas abundam. Basta provar a água do rio para se infectar os intestinos. E a picada de certo inseto pode trazer a malária, a febre esturricante e gelada que os mineiros aceitam como se fosse a vontade de Deus. Há apenas um médico em "La Salvación". Parece um evadido de "Sing-Sing" e muitos duvidam do seu título. Não se sabe como nem porque ele veio. Mas cobra 40 dólares para aplicar uma injeção de estreptomicina. Não lhe falta clientela. O lixo e as moscas colaboram.

Os mineiros se queixam dos comerciantes e os comerciantes se queixam dos guardas. A venda de bebidas não é legalmente permitida, mas em "La Salvación" existe um bar ao lado do outro. Os guardas cobram, por sua conta, um imposto que eles mesmos fixaram e que não sai dos seus bolsos. Os mineiros bebem rios de cerveja e rum, também brandy e uísque escocês, a preços de fábula. Os bares consistem em nada mais que uma prateleira de lata ou madeira. Não tem paredes porque na mina não existem paredes. Uma cortina de nylon protege a intimidade dos locais onde se faz amor. Quando as damas ficam nuas, as paredes caem a navalhadas. Os mineiros são homens sem mulheres e também o amor lhes sai muito caro. Por um minuto as profissionais especializadas cobram o equivalente a 40 dólares.

SER ROCKEFELLER POR UMA NOITE

O negro Barrabás iniciou, faz 30 anos, a era do diamante na Venezuela. Encontrou um diamante puro, do tamanho de um ovo de pomba. Há versões que asseguram que o diamante de Barrabás foi vendido por meio milhão de dólares nos Estados Unidos. A ele pagaram muito menos. Na manhã em que encontrou o diamante, Barrabás não pôde tomar o desjejum: não encontrou quem lhe fiasse. Depois, Barrabás se tornou um personagem de lenda. Não só na mina "El Polaco": em toda a Venezuela. Em Caracas, pela época do General Medina, Barrabás foi todo um personagem de glória efêmera. O dinheiro lhe fugiu das mãos. Agora está em Icabaru, uma mina perdida na fronteira, muito pobre e muito velha.

É o habitual. Para o mineiro a fortuna tem asas. Na mina "Abequi", de "Gran Sabana", o mineiro Pariaguán saiu da oficina do comprador de diamante com o chapéu carregado de 106 mil bolívares (uns 24 mil dólares). Meteu-se no bar Tibiritabara, da cidade Bolívar, e permaneceu lá por 28 dias. Saiu com os bolsos vazios. Na mina "Água Negra", o mineiro Paleta ganhou 160 mil bolívares em troca de um frasco de sal de frutas cheio até a borda de diamantes puros. Dali a 90 dias teve de pedir dinheiro para a passagem. Mais recentemente aqui, na zona do Guaniamo, um mineiro recebeu 200 mil bolívares por um punhado de belos diamantes recolhidos em El Caracol. Não teve dinheiro nem para comprar uma corda e enforcar-se.

Daquele que tem um bom lote de diamantes, se diz que está "abobado". É ele que paga tudo, a todos, e não se arrepende. "A vida do mineiro é uma vida de cão", me explica um deles, que andou de bruços explorando o rio Caroní durante 18 anos. "Porém, na vida do mineiro há um companheirismo muito grande. Se eu encontro um diamante que vale dois ou trezentos mil bolívares e todos os que estamos aqui estamos fodidos, temos de dar tudo para a festa. E, na manhã seguinte, amanhecemos limpos. Pelo menos, gozamos um momento". Assim é a vida do mineiro. É o comprador quem ganha. Estes bebem também, mas quando bebem mil bolívares é porque já roubaram de alguém dois mil. Este homem já não é um mineiro de água. Diz-se que está muito velho: "o meu corpo já não aguenta mais". Nasceu há 33 anos.

Junto à "Zona Roja" operam os compradores de diamantes. Carregam um revólver 38 no cinto e andam com as sobrancelhas sempre curvadas, segurando a lupa poderosa que acusa os pontos negros de grafite do diamante imperfeito. Usam umas balancinhas que parecem de brinquedo e em seus pequenos mostradores, armados um ao lado do outro, triunfa ou se desfaz a esperança dos mineiros. Os descobridores da mina de Guaniamo não sabiam nada do ofício. Nunca haviam visto uma peneira — um funil de três filtros onde se lava o material para que os diamantes fiquem, separados por seu próprio peso, visíveis no centro da trama. Eram camponeses, peões que levavam uma vida de escravos, recolhendo os frutos das satrapias durante três meses nas montanhas, e que passavam o resto do ano trabalhando nas fazendas sem saldar jamais a dívida da comida. Eles conseguiram muitos diamantes — por acaso, no princípio, logo depois procurando-os encarniçadamente — e os compradores lhes pagavam com cédulas pequenas, de 5 e 10 bolívares, para impressioná-los com o monte de dinheiro.

INFERNO E GLÓRIA

A arena é um círculo de estacas. No centro é o ringue. Um galo capenga luta contra um galo frangote: se arrancam os olhos a bicadas, se destroçam a golpes de espora. Os mineiros jogam dinheiro na arena onde os galos saltam, bicam, encurralam um ao outro, caem e levantam e voltam a cair e a levantar. "Vinte a dez para o capenga", "Vou no frangote, vou no frangote". Aumenta a gritaria e aumentam as apostas. Também o juiz da briga faz altas apostas. E o guarda grita com os punhos fechados. Os mineiros são fanáticos com os galos. Por isso a briga de galo acaba sempre em briga de homens e muitas vezes a festa acaba mal. Coube a mim sentar ao lado de "La Nena", que tem 19 anos e é lindíssima. Veio de La Guayra, há alguns meses, e já dispõe de uma nutrida conta bancária em Caracas. Enquanto o franguinho agoniza com a cabeça banhada em sangue e uma pena do inimigo no bico, Nena conta, morrendo de rir, a tragédia de sua vida. Numa só noite de amor, e sem muito esforço, La Nena ganha mais que um funcionário público em um mês de trabalho.

Os galos, as gurias e os goles: estas são as desforras dos mineiros. São, também, as bocas abertas que devoram tudo o que eles ganham. Teríamos também de acrescentar o baralho e os dados que os jogadores manejam com mãos mágicas. Às vezes, os mineiros apostam dinheiro, às vezes diamantes, uma vez alguém, segundo dizem, apostou a vida e pagou. "Os que mais ganham são os que mais perdem: os mais arruinados". O diamante vem do aluvião ou do veio. O mineiro mergulha as pernas na água durante longas horas, dias, anos, ou se enfia na terra, cavando buracos como um tatu. Às vezes são tão profundos que as velas se apagam por falta de oxigênio, e, às vezes, também se apaga o mineiro e ali fica. E sobre sua cabeça caem pedras ou terra do trecho do túnel que está sendo cavado: nas minas de Guaniamo tem conhaque Hennesy mas não existem os capacetes de proteção para o crânio.

Há buracos por toda parte. À beira das ruelas que as fileiras de ranchos vão improvisando, ou em meio à mata, a quatro metros das prateleiras dos bares ou muito longe dos acampamentos povoados. Em lugares inóspitos, entre as pestes e os insetos e répteis, dorme, às vezes, o diamante: é preciso persegui-lo nos dias quentes e nas noites geladas."Para o diamante a terra não tem de ser bonita". O mineiro passa a vida arranhando a terra com as unhas. Para muitos, os anos somam-se, sem sorte, aos anos. "O diamante é poderoso. Na história não se tem conhecimento de nada mais poderoso", é opinião do mineiro Malavé. "Quiseram fazê-lo sintético mas não conseguiram. De forma alguma ninguém consegue imitá-lo. E é uma pedra misteriosa. Há pessoas que têm sangue para o diamante; outras não. Precisamente, eu sou um dos que pouco sangue tem para este senhor. Deve haver um mistério nisto. O diamante é uma pedra muito...". E resume: "eu lhe tenho um grande respeito".

Frequentemente ocorre que a lupa, implacável, revele a fraude: o que parecia um diamante, transparente, compacto, resplandescente de luzes, não é diamante. É um "quase-quase" como chamam a estas pedras enganadoras. E os que têm sorte? Os que tem "sangue" para um diamante puro? A estirpe dos Barrabás não conheceu melhor destino que os infelizes que indagam as minas sem resposta. Os anéis de brilhantes resplandescem nas mãos de comerciantes, mas o mineiro é um homem nu. Pouco dura sua vingança de pobre: seu delírio de milionário se desvanece antes do amanhecer. Uma noite havíamos ficado presos pela chuva torrencial debaixo de uma cobertura, e uma velhinha sábia, muito conhecedora, lentamente disse: "Ao lado da glória está o inferno. Dá-se um passinho e cai".

"O mineiro tem radar", diz o mineiro. Diz que conhece as chaves secretas da linguagem dos pássaros. Mas também se perde facilmente. Aqui corre o dinheiro como em nenhuma outra parte. De que vale? Todos estes homens vieram uma vez, para irem embora um dia. A princípio, o mineiro é um camponês ou um operário desocupado que aceita esta vida como penitência ou como um tempo de espera. Depois se acostuma. A mina o devora, apodera-se dele, ata-lhe as pernas. Enfim, ele seria um estrangeiro nas cidades, não menos hostis que a selva, apesar de não terem malária, e o campo só lhe oferece a rotina de uma vida miserável. Este é, em troca, outro mundo. Aqui não há nada mais real que a fantasia: aqui se pode acreditar que tudo, tudo é possível.

AMÉRICA

As mulheres da *Primavera* de Botticelli são uma só mulher, e eu a vi em Florença pela primeira vez há dez anos, na sala Botticelli da Galeria Uffizi. Então descobri que a conhecia. Não sabia seu nome. Reconheci, me fez falta. Sonhei contigo de noite, garota, moça do talho no queixo: soube que andava pelas ruas de Montevidéu e pensei que Botticelli tinha nascido equivocado de país e de século. Botticelli, o caçador, tinha podido a adivinhar e perseguir; tinha anunciado aos demais:

"Eu pude vê-la", porém nunca a possuiu.

Na quinta-feira 29 de janeiro de 1976, no fim da tarde, sentar-me-ei diante de uma mesinha do café «Il Musici» de Buenos Aires. Meu amigo, o Chinês, recém-chegado de Caracas, pedirá um café. Mostrará fotos de um mural gigantesco e de alguns quadros que fez recriando os rostos e os temas dos grandes pintores. Leonardo, Van Gogh, Matisse; mostrará seus últimos desenhos e serigrafias. Falará sobre uma exposição em projeto, dirá que a sente incompleta sem algumas palavras minhas. Eu estarei cansado e nervoso, acabando de chegar da viagem e de você, enjoado pelo muito trabalho e pela necessidade de que você estivesse aqui. Estarei sem estar, ou estando pela metade meio ido, até o momento em que o Chinês me contar o tema desta exposição.

— É a História da América — diz o Chinês — vista através da *Primavera* de Botticelli.

Fiquei olhando com a boca aberta.

— Entende? Toda a história do saque e da fome e das matanças através desta mulher. Porque esta mulher nua é a América. Entende?

—Quando observo a Gioconda — diz — vejo-a envelhecer. Posso emputecê-la, posso inventar-lhe outra memória. Porém com essa mulher de Botticelli me acontece o contrário. Se a envelheço, não existe. Isolo as mãos, os olhos, um pé, e não há jeito: não posso machucá-la de nenhum lado.

—Sim — digo. Nascida para ser moça sempre. Isso.

E penso: "Por cima dos anos e da dor acumulada. Quiseram arrancar-lhe as raízes. Quiseram esvaziar-lhe a memória. Ninguém pôde nada contra tanta formosura e tanto poder de resistir".

E penso: "É você, garota? É você o assombro da América nos olhos dos conquistadores?"

Essa mulher — diz o Chinês — Carlos V foi um momentinho na história e no fundo não pôde fazer-lhe nada. Teddy Roosevelt não pôde fazer-lhe nada. Os de agora também não podem.

— Todos a perseguiram — ri o Chinês. — E Colombo, que foi o primeiro a entrar, morreu sem saber.

E descubro: "Assim que são uma só febre".

As duas coisas que me enlouquecem são uma só febre em meu interior: esta mulher, esta terra onde nasci.

PERÓN

A conversa com Juan Domingo Perón data de outubro de 1966. À luz do que aconteceu nos anos seguintes, acredito que o texto adquiriu um valor documental. Após dezoito anos de exílio, Perón frustrou as esperanças do imenso movimento de massas que lhe devolveu ao poder. O caudilho morreu em 1974. As contradições do peronismo já tinham estourado. No epílogo do governo peronista, não houve outra coisa além de traição, tristeza e violência. A matança foi desencadeada.

JUAN DOMINGO PERÓN

"Um cidadão saiu gritando: viva a revolução; e carregava uma bandeira argentina enrolada debaixo do braço. Detive-o junto à porta e lhe perguntei o que estava fazendo. Ele me respondeu: "Levo uma bandeira para a turma, meu general..." Dentro da bandeira, havia uma máquina de escrever".
(De um relato escrito por Perón sobre a Revolução de 1930)

UM

O jornalista meteu-se no meio da confusão de meninos que brincavam ao sol, numa rua qualquer de um bairro operário, na zona sul de Buenos Aires. Teve então a ideia de perguntar a um deles, que parecia ter uns dez ou doze anos, o que achava das eleições a serem realizadas em março — isso foi em 1962. Afinal de contas, a resposta poderia ser interessante para a pesquisa que vinha realizando. O moleque estava saltando sobre umas latas e, entre um pulo e outro, disse que "as eleições não servem para nada"; em seguida gritou: "A gente aqui está é esperando o Homem!". Poucos dias depois, Andrés Framini e outros candidatos do Homem ganhavam as eleições, numa avalanche de votos. Mas o molequinho tivera razão: a vontade do povo está certa, sempre e quando não contradiga a vontade dos militares. Os generais se levantaram e, por sua própria conta, elegeram os governadores dos estados e o novo presidente — já que tinham dado um jeito no outro.

Não foi essa a última vez que os generais tomaram atitude semelhante, mas nem por isso também os subúrbios de Buenos Aires deixaram de aguardar o Homem — o mito se alimenta de seus inimigos. Desde há muitos anos a lenda vem prometendo que, ao entardecer, o avião negro cruzará os céus e Juan Domingo Perón voltará a pisar o solo argentino, incendiando-o com seus passos.

DOIS

Um caudilho constitui-se como um sistema de imãs: está vivo
à medida em que atrai. Este mesmo sorriso gardeliano que agora
derrama seu invicto magnetismo, para dar as boas-vindas ao amigo
que me acompanha, há mais de vinte anos atrás escandalizou de-
cisivamente a multidão apinhada na Plaza de Mayo; a mesma mão
que agora aperta a minha levantou-se múltiplas vezes, desafiadora
ou cordial, para reafirmar a força de indignação das últimas palavras de cada frase ou para responder às ardorosas ovações, naquela
noite de outubro de 1945. Há vinte e um anos atrás, a classe operária argentina — pela boca deste homem — confusamente tomou
consciência coletiva de seu destino, em turbulentas jornadas que
traziam a marca da esperança e do escândalo; transladados para as
fábricas dos subúrbios de Buenos Aires, os descendentes dos montoneros tinham trazido consigo uma raiva antiga que assim, pela
primeira vez, se expressava politicamente nos pampas de cimento.
Há onze anos atrás, esse homem fugiu, vencido mais por suas próprias contradições e debilidades do que pela duvidosa coerência de
seus inimigos; a canhoneira paraguaia, o hidroavião, a passagem
por Asunción e pelo Caribe, o pacto com Frondizi e um terceiro
casamento precederam seu exílio definitivo em Madrid. A derrota
deixava atrás uma década de governo que não terminaria aí: o peronismo continuou sendo o movimento popular mais poderoso da
Argentina, um imenso acampamento sem fronteiras, ainda que o
general Perón já não estivesse sentado na poltrona de Rivadavia e
mesmo que não regressasse nunca mais à sua pátria abandonada.

TRÊS

A partir da queda de Perón, os sucessivos golpes militares não passaram de homenagens, prestadas pelo medo, a esta verdade: sempre que há eleições livres, o peronismo ganha. Por ação ou por omissão, o peronismo continuou sendo o árbitro da vida política argentina, e Perón tornou-se um convidado que decide com sua ausência: sua vitória nas eleições de 1962 custou o governo a Frondizi; a possibilidade de uma vitória sua, nas eleições de março de 1967, provocou a queda antecipada do governo de Ilia.

QUATRO

Em fins de outubro de 1966, conversei durante quatro horas com Perón. O Major Vicente, seu fiel ajudante de outros tempos, solicitou e obteve a entrevista. Debaixo do chuvisqueiro pertinaz dessa manhã de outono, fomos vê-lo em seu casarão de Puerta de Hierro, nos arredores de Madrid. Ele nos recebeu em sua biblioteca, com os cachorros a seus pés e as fileiras de livros por detrás: aberta sobre a escrivaninha, a última obra de Jorge Abelardo Ramos. "O poder embrutece", disse ele sorrindo com o rosto iluminado pelo bom humor: "Somente agora, no exílio, é que tenho tido tempo para ler". Lembro dessa primeira frase e então volto a me perguntar o que várias vezes me perguntei, insistentemente e de diferentes maneiras, durante nossa conversa: "E tempo para brigar? Será que o General Perón tem tempo para brigar? E teria vontade de fazê--lo?" Isso porque, até agora, o desafio da ditadura de Ongania não recebeu nenhuma resposta. E mais do que nunca se faz necessária uma resposta: a resposta da resistência e do combate. Ongania vem acelerando o ritmo de desnacionalização da Argentina; anda vendendo o país de tal maneira que mais parece estar dando de presente. Setores vitais da indústria nacional têm caído em mãos de monopólios estrangeiros; assina-se uma lei que permite entregar à Standard Oil e à Shell o petróleo, o gás e tudo o que for encontrado debaixo da terra ou da água: a U.S. Steel vem se beneficiando da sistemática sabotagem oficial à siderurgia nacional. O terror se institucionaliza a tal ponto que faria o próprio McCarthy empalidecer: a lei de repressão ao comunismo converte em leproso a qualquer argentino que se atreva a pensar; e manda-se para a cadeia aquele que cometer a ousadia de divergir ou duvidar das verdades reveladas do regime. No curso daquela entrevista, o próprio Perón fez-me um comentário a propósito do general Ongania; com o passar do tempo, o que ele disse redobrou sua atualidade: "No exército, dizemos que existem quatro tipos de militares: o inteligente trabalhador, um homem que serve e com o qual não existe problema; o inteligente preguiçoso, a quem é preciso mandar trabalhar; o burro preguiçoso, que não cria problema porque não serve para nada; e, por fim, o burro trabalhador: esse sim, é perigoso. Ongania é deste tipo". Disse-me também que vinham se aproximando tempos muito difíceis. "Veja só", explicou, "Ongania é um burro com ideias próprias. Irá brigar. Não vai sair assim sem mais nem menos; antes vai provocar a guerra civil entre nacionalistas e colonialistas. Desde agora pode-se calcular que essa guerra vai custar um milhão de mortos aos argentinos. Isso porque existe uma proporção que se mantém, em tal tipo de guerra. Se na Argentina temos mais de vinte milhões de habitantes, então faça o cálculo".

CINCO

Desde que Perón caiu, o povo argentino não conheceu outra coisa além de humilhações, mentiras, angústia econômica e promessas traídas; de 1955 até hoje, muito melhor trabalharam por Perón seus inimigos do que ele mesmo. Seus inimigos: esses democratas que têm pânico dos votos e viram a mesa toda vez que perdem ou desconfiam que vão perder o jogo. Perón foi embora mas permaneceu, tornando-se a imagem mitológica de um tempo bom que já passou e de um tempo de desforra que está para chegar. Longe de quebrar o mito, o tempo o robustece; a distância — fatal a outros líderes a quem o exílio divorciou da massa — serve para que Perón evite as responsabilidades diretas da ação; assim, idealizada pela memória dos peronistas, sua imagem está a salvo das frequentes inconsequências do próprio Perón. Apoiou a Frondizi; e Frondizi acaso não caiu por estar enredado nas malhas de uma vitória peronista? Perón estimulou o golpe de Ongania e chegou até a aplaudi-lo quando ele tomou o poder; não se poderia descontar, dizendo que o peronismo seria de todo modo proscrito sob a frágil legalidade do governo de Illia? Os erros de Perón são artimanhas, sempre se justificam; ao contrário, quando os dirigentes locais do movimento quiserem atuar por sua própria conta, suas artimanhas acabam sempre condenadas como erros. Uma intuição muito característica e aguda para descobrir a vontade das massas permitiu que Perón retrocedesse a tempo, toda vez que poderia ser desautorizada por elas: assim aconteceu quando finalmente admitiu a apresentação de candidatos às eleições de março de 1962 e quando retirou o apoio a Solano Lima, em 1963.

SEIS

Perón acredita que cada uma das decisões de apoio que toma vai outorgar maior força às decisões de recusa que tomará; este contínuo ziguezague tático — polegar para cima, polegar para baixo — lhe permitiu manter a hegemonia pessoal dentro de seu movimento e lhe proporcionou numerosas satisfações individuais no enfrentamento político com as demais forças. Os líderes — sindicais e partidários — do peronismo não ignoram tal evidência: uma foto com dedicatória, uma fita gravada, uma carta, bênçãos supremas, tudo isso pode anunciar as piores maldições, no futuro.

Quando falei a Perón sobre certos "recuos estratégicos" do movimento operário argentino diante das primeiras medidas reacionárias de Ongania e lhe perguntei se tinham alguma diferença das capitulações incondicionais, ele me respondeu: "O povo avançará com os líderes como cabeças ou com as cabeças dos líderes, conforme já afirmei muitas vezes. O que acontece com o líder sindical na Argentina? Acontece isto: ele sai da fábrica, sendo operário, e chega ao escritório de luxo; com uma secretária funcionando à noite como amante e um automóvel enorme; então, não quer abrir mão. Mas se esquece que detrás dele está um outro, querendo ocupar seu lugar; e esquece que detrás de ambos está a massa, estão os trabalhadores que o elegeram para que defendesse seus direitos. É isso o que esqueceu o líder que acaba de assinar um convênio com 30% de aumento quando o pessoal queria 40 ou 50%, e que ainda por cima assinou um pedido de crédito de 5 bilhões para os patrões. Entretanto, é preciso reconhecer que ele obteve o máximo que se pode obter, nas condições em que vive o país. O senhor está me falando dos lideres que se deixam atrair pelo regime. Mas é preciso que se leve em conta uma coisa: eles se deixam atrair porque eu lhes ordeno que se deixem atrair. E lhes dou essa ordem a fim de obterem tudo o que possam para os trabalhadores, enquanto dura a demagogia do governo e já se sabe que não é muito o que o governo pode dar. Então, quando o governo tiver a classe operária como inimiga, terá também como inimigos os patrões; e é isso que o queremos". Perón costuma atribuir-se a paternidade de pactos e negociações que se realizam apesar dele ou à sua revelia, sempre que não lhe convenha lançar uma condenação aberta que poderia colocar em evidência as frequentes crises de sua autoridade.

Entretanto, quando a conversa derivou para algumas atitudes concretas de certos líderes peronistas demasiadamente comprometidos no idílio com Ongania, Perón não se preocupou em ocultar uma opinião francamente desfavorável sobre seus próprios quadros de direção: "Muito frequentemente, vêm até aqui certos companheiros do movimento, denunciando a Fulano, que é um traidor; a Sicrano, que está sabotando as orientações dadas por mim; a Beltrano, que anda caluniando; e, por fim, um outro ainda, porque não é bom peronista... E eu lhes digo: Não se preocupem... O senhor sabe como os chineses fazem para matar os pardais? Simplesmente não deixam que eles pousem nas árvores. Espantam-nos com paus, para que não descansem nos galhos. Até que os pardais morram no ar: têm uma crise cardíaca e caem no chão. Essa gente toda tem voo de pardal: basta espantá-los, basta não deixá-lo descansar, para que terminem eles também caindo ao chão. Assim é...". Move o braço serenamente diante dos olhos e continua: "Para liderar homens é preciso ter voo de águia, não de pardal. Dirigir homens é uma técnica, a técnica de bem conduzir — uma técnica e uma arte de precisão militar. Ensinaram-me isso na Itália, por volta de 1940: aquela gente é que sabia mandar. Aprendi a não dispersar as forças, a descarregar o golpe depois de concentrar as forças num lugar decisivo. Aprendi a agir com serenidade. Minha vitória em Mendoza foi a liquidação dos chamados neo-peronismos. É necessário deixar os traidores e desertores voarem, sem nunca lhes permitir descanso. E esperar que a Providência faça sua obra. É preciso deixar que a Providência aja...". E acentuou, com uma piscadela: "Especialmente porque sou eu quem manejo a Providência".

SETE

Esse maquiavelismo sistemático obriga Perón a viver num estado de concentração permanente. Escreve uma carta com a mão direita e outra com a esquerda, ao mesmo tempo; diz sim e não, pactua simultaneamente com Deus e com o Diabo. Não aposta nunca num único cavalo: prefere apostar em todos, e sem arriscar seu próprio capital. Dirigir um movimento de massas assim de tão longe, e por controle remoto, exige e ao mesmo tempo favorece esse tipo de raposa velha, perito nas manhas das artes políticas.

As contradições de Perón refletem e aguçam as contradições do movimento peronista, que é um aglomerado heterogêneo onde se pode encontrar de tudo — desde a extrema direita até a extrema esquerda, de Cornejo Linares a Cooke. Vertebrado em torno ao eixo aglutinante que é o próprio Perón, o peronismo constitui um mosaico; uma vez desaparecido o caudilho, ele arrebentará em pedaços. O caudilho, entretanto, encontra-se bastante vivo, mais jovem do que nunca; caminha não menos de cinco quilômetros por dia e trabalha sem descanso desde a manhã até à noite. Gosta muito de sentir que está no mesmo ritmo de seu tempo. Diz-me por exemplo: "Aqui vem me ver muitos jovens falangistas, para me pedir a opinião sobre alguns problemas políticos. São rapazes que têm a amabilidade de supor que minhas opiniões ainda servem para alguma coisa. Uns moços muito bons. Mas o que é que posso fazer? Ao falar com eles, tenho a impressão de estar conversando com minha avó...".

Pergunto a Perón se ele vai voltar à Argentina; e quando. Ali reclinado em sua poltrona, sorri com um ar astuto; move a cabeça, dá umas palmadinhas na pernas e diz: "Eu já tenho mais de setenta anos...". E mente: "A sorte já não está do meu lado...". Ao mesmo tempo, ou pouco depois, ele envia ao jornal *Única Solución*, porta-voz peronista em Buenos Aires, uma carta onde anuncia seu retorno próximo, pela milésima vez. Escreve: "Estou perfeitamente bem. Minhas pernas não tremem".

OITO

O que fazer para que o país se levante? Pergunta *Única Solución*. Perón responde com um programa de sete pontos; dos sete, três propõem "liquidar com a influência marxista" nas cooperativas e em certas empresas industriais. No número seguinte, *Única Solución* publica os mais ardorosos elogios à primeira conferência de solidariedade da OLAS, de caráter notoriamente marxista; o comentário editorial está assinado por Descartes, que é o pseudônimo usado há doze anos por Perón ("Descartes assinava Perón, portanto eu lhe retribuo a gentileza"). Neste artigo, Perón torna suas as bandeiras da conferência de Havana e conclui: "Um revolucionário pacifista quer dizer, nestes momentos, algo assim como um leão herbívoro".

O mesmo Perón que, em 1967, exalta a violência como direito dos povos oprimidos da América Latina e das demais regiões do Terceiro Mundo, é quem me falou longamente, em 1966, sobre as possibilidades de um pacto com os Estados Unidos para tornar possível o reingresso do peronismo na vida política legal. Em suas relações com os Estados Unidos, Perón vem oscilando entre a sedução e o anátema, desde os tempos dos contratos petroleiros com a Califórnia. No verão espanhol de 1961, tornou pública uma carta a Kennedy: "Na República Argentina, caso não se use a fraude nem se empregue a violência, o justicialismo vencerá; entretanto, se a reação e o governo o impedem, mediante o engano e a força, então vencerá o comunismo em qualquer de suas modalidades". Perón nunca deixou de explorar o benefício político do medo; conforme me disse: "Imagine só: vendo que toda esta situação anacrônica em que vive o país é apoiada pelas grandes potências ocidentais — já mancomunada com os governos da oligarquia — os peronistas poderiam sentir-se atraídos pelo apoio que o outro bando lhes oferece. A filosofia cristã e a filosofia marxista disputam entre si o mundo: é necessário dependurar-se numa das duas árvores".

NOVE

Perón passou para o primeiro plano do cenário histórico argentino como uma alternativa patriótica frente ao imperialismo. Perón ou Braden: o nascente líder nacionalista ou o embaixador norte-americano — atrás do qual os conservadores e os comunistas, os radicais e os socialistas cerraram fileira. "Desde o início, os Estados Unidos tentaram nos criar empecilhos". E continua: "Imagine alguém que tenha formigas no quintal de casa. Estará perdendo tempo caso tente matá-las uma a uma e as recolha num prato, com a mão. Ao contrário, deveria ir até a cova de onde saem e jogar veneno lá no fundo. Foi o que nós fizemos. Levamos adiante medidas profundas: criamos a marinha mercante nacional, nacionalizamos os depósitos bancários, protegemos e impulsionamos a indústria genuinamente argentina... Em 1946, quando assumi o governo, eu parecia uma árvore de Natal, com o uniforme cheio de condecorações e de fitinhas. Na Plaza de Mayo, afirmei perante um milhão de argentinos que cortaria a mão antes de assinar um empréstimo. Os norte-americanos primeiro empobreceram os países e em seguida inventaram a ajuda. A única vez que foi possível botarem ordem na nossa economia foi durante os dez anos que a Argentina prescindiu de toda ajuda norte-americana. Os Estados Unidos foram o centro da conspiração contra nosso governo. Não somente não nos ajudaram como fizeram todo o possível para nos arruinar".

Perón me dizia, entretanto: "Faz pouco vieram ver-me alguns senadores norte-americanos e conversamos muito. A situação argentina preocupa terrivelmente a Johnson. Ele sabe que a Argentina é decisiva na América Latina e já não quer saber de outros vietnãs. A guerra do Vietnã está lhe custando muitos dólares e muitas vidas: então, os Estados Unidos não podem dar-se ao luxo de ter outras guerras, em nossa região. Querem uma retarguarda tranquila. Foi sobre isso que conversamos muito: os senadores me disseram que poderíamos chegar a um acordo". E que acordo?, pergunto eu. "Um acordo...". Em que condições? "Eles colocariam todos os seus canhões contra Ongania, para obrigá-lo a realizar eleições livres com nossa participação". Em troca de nada?, insisto eu.

"A única condição é que eu renuncie a toda ambição enquanto homem de governo. Mas pouco me importa. A estas alturas da minha vida, prefiro ser o patriarca do peronismo e nada mais. Que apareçam os jovens". E esses senadores, pergunto eu, são bons amigos? "Como não", me diz. "Tenho bons amigos em todas as partes do mundo. Também sou amigo dos chineses. E de Fidel Castro: temos relações muito boas com Fidel Castro. Sou amigo de Stroessner, e dos nacionalistas brasileiros, e de todos os revolucionários autênticos de todas as partes".

DEZ

A água se mistura ao óleo: a lista de líderes latino-americanos nos quais Perón reconhece intenções semelhantes às suas inclui tanto a Arèvalo e Arbenz como a Rojas Pinilla e Pérez Jiménez. Afirma que o "comunismo soviético e todos os comunismos nacionalistas detrás da cortina de ferro assim como os socialismos árabes, os fascismos e o nacional-sindicalismo espanhol" são "propostas diferentes que, veja bem o senhor, coincidem em algo: no desejo de encontrar uma democracia nova, à altura dos homens do século vinte".

CARTA DE BARCELONA I
PARA "ESCUTAR" TODA A HISTÓRIA DO MUNDO

Pelo que me consta, não sou cego. Em troca, reconheço que sou bastante surdo; é que a realidade me entra sobretudo pelos olhos; e na memória, tenho muitas imagens mas poucos sons.

Não seriam os sons tão reveladores quanto as imagens? Desde que se pôs em pé sobre as duas pernas, inventou o machado, acendeu seu primeiro foguinho e aprendeu a enterrar seus mortos, desde aí o homem produziu ruídos e se expressou através deles. Até os dias de hoje, esses ruídos têm sido tão úteis quanto as imagens, para decifrar as relações sociais e a evolução da história. Os encontros e desencontros entre os homens, assim como os desafios e as respostas do processo histórico, também podem ser deduzidos de uma canção ou de uma sinfonia. E as palavras? Além de uma maneira de nomear as coisas, não são música?

Sempre me pareceu fascinante adivinhar, através da pintura, a longa guerra entre as forças da criação e as da tradição, o diálogo às vezes violento entre o mundo parado e o desafio da transformação. Os caçadores da era Paleolítica chamavam os touros pintando-os com terra e sangue nos tetos das cavernas; com isso, produziram uma arte essencialmente distinta da que foi deixada pelos lavradores que vieram depois. Havia motivo para que todas as vasilhas de uma aldeia neolítica fossem iguais.

Assim também, sempre me pareceu tentador e "natural" interpretar a história da literatura como uma história do homem; mas nunca pude escutar Bach ou Brahms da mesma maneira que li Cervantes ou Balzac. A música, não sei por que, sempre me pareceu "inocente", fora do tempo e do espaço, desligada da história, inatacável.

Com muito interesse e certo sentimento de culpa, acabo de ler um livro de Jacques Attali, *Bruits*, onde o investigador francês propõe uma análise da sociedade em função de seus ruídos. Attali diz que o mundo não é visto e nem lido. Ele diz que o mundo é ouvido. Afirma que, para interpretar a evolução histórica, o processo de organização social dos sons é mais revelador que as estatísticas. E nisso pode ter toda razão. Ao mesmo tempo que eu lia o livro, chegou-me o último caderno estatístico da Comissão Econômica para a América Latina das Nações Unidas. Confirmei outra vez que é preciso desconfiar dos numerinhos. Fiquei atônito ao contemplar as estatísticas referentes à mortalidade infantil. A princípio não entendia, porque os índices são baixíssimos. Pensei: "Da última vez que vi uma estatística de mortalidade infantil, a América Latina tinha os índices mais altos do mundo, juntamente com alguns países africanos. Agora morrem poucas crianças. Fomos salvos da miséria e não estávamos sabendo." Mais tarde, descobri que somente são computadas as mortes entre um a quatro anos. As crianças que morrem de doença ou de fome, antes de cumprir um ano, não têm valor estatístico. Vieram-me à cabeça muitos exemplos parecidos. Por exemplo, para a Direção de Estatísticas do Uruguai, um operário que trabalha quatro horas por mês não é um desempregado. E o que dizer dos famosos ingressos per capita? Se um homem recebe cem e outro recebe dois, o ingresso per capita dá 51 — muito útil para pôr a realidade entre parênteses.

Mas voltamos a Attali. Como todos os livros que valem a pena. o seu peca por exagero e paixão. Afinal, ele está de algum modo reivindicando uma causa nova e, então, pode se dar ao luxo. Atalli afirma que, através do ruído — e portanto através da música, que é ruído organizado — podem-se decifrar os códigos da vida e as chaves da relação entre os homens. Mais do que um possível objeto de estudo, a música seria um instrumento do conhecimento humano. Ao mesmo tempo que reflete a evolução social, a música vai compondo a trilha sonora das vibrações e dos signos que constituem a sociedade. "Somente a morte é silenciosa", diz Atalli.

O PRIMEIRO RUÍDO FORAM OS PASSOS DE DEUS

Remédio ou veneno? Ao largo da história, o músico tem sido excluído ou adorado, amaldiçoado ou divinizado. O Flautista de Hammelin salvou o povo ao conduzir os ratos para o abismo e, com a mesma melodia, vingou-se contra as crianças quando os dignatários se negaram a pagar-lhe. Até há pouco tempo, a religião islâmica proibia que os fiéis se sentassem à mesa junto de um músico. Na Pérsia, a música estava reservada às prostitutas. Em troca, Davi curou Saul da loucura tocando uma harpa para ele; e Boissieu de

Sauvage considerava que a música era infalível para curar quatorze formas de melancolia ou picada de tarântula.

Segundo o Antigo Testamento, o homem não escutou sons até que provou o fruto proibido da Árvore da Vida — e esses primeiros sons foram os passos de Deus.

A música é profética; significa a ordem e também a subversão.

A organização política do século vinte provém do pensamento político do século dezenove o qual, por sua vez, estava em gérmen na música do século dezoito — segundo o que diz Attali. Mozart ou Bach refletem o sonho de harmonia da burguesia europeia, muito antes e talvez muito melhor do que as teorias políticas do século dezenove. Janis Joplin, Bob Dylan ou Jimi Hendrix nos falam mais sobre a revolta juvenil dos anos 1960 do que qualquer teoria da crise da civilização industrial.

Uma trilha musical de ambiente Muzak permite-nos perceber a crise de uma sociedade através da crise de sua música, que se converteu num instrumento de manipulação das massas pelo maquinaria do poder.

Na verdade, a música sempre se inscreveu com precisão nos sistemas de poder e refletiu as hierarquias políticas. Antigamente, na China, o número e a configuração dos músicos de uma orquestra indicava a posição que, dentro da nobreza, ocupava o senhor que dispunha dela. Segundo Montesquieu, a música era um prazer necessário para a pacificação social entre os gregos; e os imperadores romanos asseguravam sua popularidade montando grandes espetáculos. Carlos Magno consolidou a unidade política e cultural de seu reino impondo em todas as partes a prática do canto gregoriano.

Em *O Burguês Fidalgo*, Moliére faz um personagem dizer: "Sem a música, nenhum estado poderia subsistir". Em nossos dias, as investigações de Colin Fletcher sobre o jazz mostraram a íntima relação entre a violência e o rock'n 'roll. O rock tende a absorver a violência e a canalizá-la, reorientando as energias juvenis.

Canalizadora da angústia, da violência e da imaginação coletivas, a música serve à ordem estabelecida. Mas Platão já advertia, em *A República*: "Através da música, o espírito revolucionário se desliza muito facilmente e sem que dê conta, como se não fosse mais do que um jogo que nada de mal poderia produzir. E acontece que pouco a pouco vai penetrando nos costumes e nos hábitos; torna-se mais forte, invade os assuntos privados e daí passa para as leis e para a constituição política, com grande insolência...".

No mesmo ano em que apareceu o Manifesto Comunista, Wagner escrevia: "Quero destruir esta ordem estabelecida que transforma milhões de seres em escravos de uma minoria, e toma essa minoria escrava de seu próprio poder e riqueza. Ouero destruir esta ordem estabelecida que levantou uma fronteira entre a alegria e o trabalho...".

DOS JOGRAIS À ORQUESTRA

Peregrinos, vagabundos e condenados pela Igreja, os jograis eram propagandistas políticos e também jornalistas ambulantes: na Idade Média, a canção informava e opinava. Ricardo Coração de Leão sabia disso, tanto que pagava para que os jograis compusessem baladas em sua glória e honra, e as cantassem em praça pública, nos dias de mercado.

No decorrer de três séculos, do XIV ao XVI, a música escrita em partituras e executada por músicos pagos vai ocupando o lugar da trova livre. A música deixa de ser nômade e o músico se converte num funcionário. Vinte anos depois de sua invenção pela Cameratta Florentina, a ópera tornou-se o mais importante selo de prestígio para os príncipes. Não havia casamento da realeza que não se celebrasse sob a égide de uma ópera inédita, cujo prólogo exaltava, em sua ária de louvor, o príncipe correspondente.

Economicamente atado pelo salário, o músico compõe e executa para os salões da nobreza e para as igrejas, no marco de rígidas normas de trabalho. O contrato que Johann Sebastian Bach assina como organista da Nova Igreja estabelece que ele deverá ser leal, fiel e obediente ao Conde Anthon Gunter, além de enumerar uma longa série de tarefas obrigatórias e comprometê-lo a "evitar as más companhias e qualquer distração de seu ofício". Em fevereiro de 1706, o consistório de Arnstadt adverte Bach, que "foi interrogado para saber onde esteve recentemente e quem lhe deu permissão para partir...". Repreende-se Bach, severamente, por ter introduzido numerosas variações estranhas na música coral e por ter misturado "tonalidades incompatíveis".

Mas, a partir do século XVIII, o músico já não pertence a um único senhor. Vende seu trabalho a clientes numerosos, ricos o suficiente para comprarem o espetáculo entre vários, mas não suficientemente rico para reservar-se a exclusividade dele. A representação musical nas salas de concertos ocupa o lugar das festas populares e do concerto privado das cortes.

A passagem da música dos palácios e das igrejas para as salas de concerto opera-se antes que aconteça a passagem do direito divino à representação política, nas instituições do Estado. Nos concertos, a burguesia mercantil e industrial encontra uma legitimação de seu poder. A primeira sala de concertos instala-se num estabelecimento comercial. Em 1781, um grupo de comerciantes de Leipzig reforma uma loja para dar-lhe essa nova função.

No concerto, um fosso separa os músicos do auditório. Na sala, reina um silêncio perfeito — submissão ao espetáculo que a burguesia ascendente oferece como símbolo de seu domínio, de seu afã de harmonia e de sua concepção da ordem. A partir de então, a música entra na economia de mercado. Para escutá-la, compra-se um ingresso. A música adquire um valor de uso e um valor de troca, enquanto que o músico se insere na divisão industrial do trabalho.

Em 1793, a Revolução Francesa proclama: "De agora em diante, nossas praças públicas serão nossas salas de concerto". As Convenções se propõem reunir entre trezentos e quatrocentos músicos para levar a música até os lugares onde o povo possa escutá-la. O propósito revolucionário de liberar a música do domínio do dinheiro teve curta duração.

Enquanto isso, a evolução da orquestra vai refletindo a evolução econômica. Os músicos, anônimos e hierarquizados, executam uma partitura em troca de um salário: cada um não produz mais do que um elemento do total, sem valor em si, à imagem e semelhança do trabalho programado na economia industrial. O crescimento das orquestras faz surgir o diretor. Até Beethoven, as sinfonias eram executadas por poucos músicos e sem diretor. A Nova Sinfonia, por exemplo, foi executada por vinte e três músicos na primeira audição; em 1870, já exigia mais de cem. Haydn dirigia a orquestra ao mesmo tempo em que tocava o violino e a harpa. Tempos depois, a evolução da música — e a evolução econômica e social — atribui ao diretor de orquestra uma função diferenciada.

UMA CERIMÔNIA SOLITÁRIA

No século vinte, o surgimento do registro multi-copiável — os discos e a fitas cassette — assim como o desenvolvimento dos meios de difusão convertem a música em indústria. O disco substitui o concerto como motor da economia da música. Surgem expressões novas: hit parede, show business, star system. A fabricação da oferta é definida pelo condicionamento publicitário da procura e o controle da comercialização da música, na sociedade de nosso tempo.

Beethoven assistira nada mais do que um par de vezes à execução da *Nona Sinfonia*. Mozart escutou uma ou duas vezes a maioria das suas obras. Hoje em dia, por uma fantástica mutação, essas obras se tornam acessíveis à multidão e repetíveis por mecanismos de manejo muito simples. A tecnologia gera uma realidade nova: agora, cada ouvinte tem uma relação solitária com a música. A audição deixa de ser uma ocasião de reencontro e de comunicação entre os homens. A música perde seu caráter festivo, religioso e ritual.

Gera-se uma música em série para o consumo de um mercado anestesiado. À vertigem do crescimento industrial corresponde a exigência política de uma canalização da violência.

Em 1922, nasce a empresa Muzak. que difunde música por telefone. A partir de 1940, ela vende, em grande escala, música de fundo para o trabalho de massas. Em todo o mundo, seus clientes são inumeráveis: desde as fábricas e os aviões até os consultórios de dentistas, restaurantes e bancos. Trata-se do monólogo de uma música standard, estereotipada, que, através da bandeja sonora, celebra uma sociedade onde o homem não tem a palavra. A música Muzak programa-se mediante computadores, em séries completas de oito horas. As peças utilizadas nas fitas são objetos de uma castração: são suavizadas, para conseguir a "limitação das gamas de intensidade". Os executivos da Muzak explicam que seus ritmos correspondem às variações do humor e às etapas da fadiga de um trabalhador médio; e que, durante a jornada de trabalho na fábrica ou no escritório, estimulam os trabalhadores com a música apropriada.

CARTA DE BARCELONA II
GRAN TIERRA

Quando terminaram os trabalhos do concurso da Casa de Las Américas, Sérgio Chaple me propôs que viajássemos à Gran Tierra.

No dia seguinte voamos em uma casca de noz sobre a selva. Aterrissamos no fim do país. As montanhas do Haiti brilhavam, azuis, no horizonte.

— Não, não — disse Magüito. Aqui não termina Cuba. Aqui começa.

São secas as terras da ponta de Maisi, embora estejam à beira-mar. As secas arrasam os cultivos de verduras e feijões. Em Maisi cruzam-se os quatro ventos, que carregam as nuvens e distanciam a chuva.

Magüito nos levou à sua casa para tomarmos um café.

Ao entrar, acordamos uma porca que dormia na entrada. Ficou furiosa. Tomamos o café rodeados de crianças, porcos, cabritos e galinhas. Nas paredes, Santa Bárbara rodeada por dois Budas e um Sagrado Coração. Muitas velas acesas. Na semana passada Magüito havia perdido uma neta.

O tempo chegou. Ficou sem cor; nascera uma flor de algodão. Nada vale nada quando o tempo é chegado. Todos viemos por um tempo. Às vezes, antes desse tempo, acende-se velas para alguém, como fizeram comigo há 37 anos. Não dura até amanhã, dizem, e com isso se embarca.

A missa e as velas eram coisas da mulher, esclareceu-nos Magüito, que só pensa em adorar bonecos e todas essas mumunhas. Ele não acreditava em nada de lá de cima. Também não acreditava que San Luis de Beltrán eliminara o mau olhado, que é essa força de olhar e causar dano que possuem alguns indivíduos de olhar forte como a serpente naja.

— Os soldados diziam que se viesse um tiro, Santa Bárbara o sustentaria.

Pela porta, aberta de par a par, vimos passar os pescadores. Vinham do mar, com capatões e aguajises presos nas varas, já limpos e salgados, prontos para secar. A poeira do caminho levantava nuvens a suas costas.

— Atrasos — vociferou Magüito —, abusos.

Quando apareceu o primeiro helicópetro, as pessoas fugiram espavoridas. Até o triunfo da revolução carregava-se nos braços os doentes graves, em liteiras, através da selva, e morriam antes de chegar a Baracoa. Ninguém se assustou quando nosso aviãozinho aterrissou no aeroporto novo. Vieram os barbudos e levantaram o primeiro hospital em Los Llanos. O santuário já não era, aqui, o ministério da Saúde Pública.

— O homem de pulso não pode ver abuso — disse Magüito. — É o meu defeito. Se tenho inimigos, estão escondidos. Sempre dancei conforme a dança, fui bebedor e folião, bom companheiro. Daqui para cima. todos me conhecem.

E nos advertiu:

— Aqui não somos bravos. Nós curtimos mas não nos envolvemos. Os lá de cima. os de Gran Tierra, são piores que a mosca azul.

No caminho, os resplendores feriam os olhos. O vento, que soprava baixo e em redemoinho, cobria com máscaras de poeira avermelhada os homens e as coisas.

— Olha, olha. Naquela gruta os índios se queimaram. Fugiam dos espanhóis e entravam nas grutas. Naquela gruta se trancaram e se queimaram vivos. Ainda se encontram os ossos e os colares. Tudo incendiado.

Atravessamos umas plantações de café. Foi um alívio entrar em túneis de sombra.

A gente do lugar odiava morcegos. À noite, os morcegos saiam das grutas e se atiravam sobre o café. Mordiam os grãos e lhes chupavam o sumo. Os grãos secavam e caíam.

Sobre as escarpas, dominando o mar, *Patana Arriba*. Erguendo-se, em frente aos arrecifes. *Patana Abajo*. Todo mundo se chamava Mosqueda.

— Entre filhos e netos — disse don Cecilio, estive contando nas outras noites, havia aproximadamente trezentos. Já não há mulher na casa. Estou fazendo oitenta e sete. Eu antes criava cabritos, reses e porcos, lá embaixo. Aqui parece que o café me deu sorte. Se eu pesquei? Pesquei ou pequei? Se ainda me lembro? Algo fica. Na memória e no impulso.

E acrescentou com um sorriso onde se via as gengivas sem dentes:

— Por alguma coisa Mosqueda é o nome predominante, o que multiplica.

Tínhamos sede. Don Cecilio Mosqueda saltou da cadeira de balanço.

— Eu subo.

Um dos netos, ou bisnetos, Braulio, agarrou-o por um braço e o obrigou a sentar.

Braulio subiu o tronco alto com os pés amarrados. Balançou nos galhos, machado na mão, e uma chuva de cocos caiu no chão.

— Você é um lagarto, menino.

A água de coco me escorria pelo pescoço.

O gravador despertava curiosidade em Don Cecilio. Mostrei-lhe como funcionava.

— Esse aparelho é realmente científico — disse — porque conserva viva a voz dos mortos.

Coçou a barba. Apontou o gravador com o indicador e disse: "Quero que ponha isso aí". E contou:

— Às vezes, em Patana Abajo, caem vermes de um animal, é em Patana Abajo e eu estou aqui, os mato, sem tocá-los. A cura segue pelo ar. Deve-se saber de que cor é o animal e em que lugar tem os vermes. As palavras são secretas.

— Creolina — disse Braulio, baixinho, olhando para o chão.

O velho se mexia com os olhos fechados.

Braulio era o chefe dos carcereiros do patriarca. As brigadas de netos e bisnetos se revezavam para dormir. Ao menor descuido Don Cecilio fugia a cavalo e de um só galope atravessava a selva e chegava a Baracoa ao amanhecer, para paquerar a garota que o deixava louco, ou ia caminhando pelas lombadas até Montecristo. que era bem longe, para fazer serenata a outra menina que lhe estava tirando o sono.

A revolução não parecia má a don Cecilio.

— As pessoas viviam muito isoladas, como que falidas — me explicou. — Agora as culturas se iriterrelacionam.

Ele tinha descoberto o rádio. O papagaio da casa aprendera uma canção dos Beatles e Don Cecilio se inteirara de certas coisas que aconteciam em Havana:

— Os vestidos das mulheres, muito curtos, rapaz. Eu gosto de pernas de mulher, mas acontece uma coisa. Que a sua mulher deve ver você e ninguém mais. Não é você quem vive com ela? Enfim. Para que seja mundo, temos que passar por isso. Tem que haver de tudo. Não gosto de praia. Quase não vou. Mas ouvi de várias testemunhas que em Havana existe uma coisa que se chama biquíni. Tem algumas mulheres que vão à praia com a bunda de fora. Como se vestia a minha mulher? Pelas barbas de Netuno, rapaz, ela se despia pelos pés. Eu sou homem de muita fibra, é na praia e nos bailecos que aparece a depravação. Outra coisa que agora há muito em Havana é o divórcio. O divórcio não é sério.

— Mas Don Cecilio — interrompeu Sergio. — E não é verdade que o senhor teve quarenta e tantas mulheres?

— Quarenta e nove — disse Don Cecilio. — Mas não me casei nunca. Quem se casa se f...

Depois quisemos destramelar-lhe a língua, mas Don Cecilio não falou nada sobre o tesouro. Na região todos sabiam que ele tinha um tesouro enterrado em uma caverna.

Íamos a uma aldeia que se chamava La Máquina.

O caminhão recolhia a gente. Todo mundo à Assembleia.

— Plácido, vem, vamos! Não fuja, Plácido!

— Não me avisaram!

Esperavam o caminhão de banho tomado e penteados, as velhas com sombrinhas coloridas, as moças com roupas de festa, os homens cambaios por causa dos sapatos apertados. No caminhão, a poeira cobria rapidamente as peles e as roupas e tinham que fechar os olhos: reconheciam-se pelas vozes.

— Don Cecilio? Esse é um velho dos antigos. Vá lá. Tem mais de cem anos.

— Vai morrer sem dizer onde está o tesouro. Ninguém vai rezar-lhe as três missas.

— O que está dizendo, Ormidia?

— Que a sua alma não vai descansar, Iraida.

— E como vai descansar? Com tanto pecado e o enorme peso de terra que vai ter em cima.

— Eu tenho muita terra?

— Não te vejo, Urbino.

— Não, deixe estar. A que se necessita e nada mais.

— Ninguém lhe perguntou nada, Arcónida.

O caminhão saltava de buraco em buraco. A ramagem nos açoitava o rosto e das árvores se desprendiam caracóis coloridos. Aos tapas, aos trancos e barrancos, eu os metia nos bolsos.

— Não se assuste, o mundo se acabou.

— O mundo está começando, Urbino!

Também viajavam crianças, dois cachorros e um papagaio. Cada um se arrumava como podia. Eu ia abraçado em uma pipa de água.

A toda hora o motor pifava e tínhamos que descer para empurrar.

— Sou o escolhido — dizia Urbino. — Bom para tudo menos para partir.

Faltava muito para chegar quando furou um pneu.

— Não tem jeito. Morreu.

E a procissão seguiu pelo caminho.

Tudo o que faltava era a encosta acima.

Homens e mulheres, crianças e bichos, subiam a montanha cantando.

— Impostei a voz. Viram? Que peito tenho!

Iam pegajosos de suor e pó e investiam, felizes, contra o sol de verão, sol das três da tarde, que atacava sem piedade.

No dia em que eu morrer
quem se lembrará de mim?
Apenas a tina
de água que bebi.

Urbino, que era coxo, caminhava agarrado à minha camisa.

— Eu canto o que sei, e ao mundo não devo nem temo — disse — esse ritmo, conhecem? É nosso. Se chama nengón. É um ritmo de Patana, mas de Patana Abajo. Se toca com maracas. E com guitarra de quatro cordas, de aço, que também é invenção nossa. Na região de Patana, naquele monte deserto, temos que inventar.

As copas das palmeiras ardiam contra um fulgor branco: levantava os olhos e ficava tonto. Eu pensava: uma cerveja gelada seria como uma transfusão de sangue.

— Dez mil coisas se passam aqui que Fidel nem sabe — dizia Urbino. — Peça em Havana para me mandarem as sementes que me prometeram, Não esqueça, sim?

Comprara um motor elétrico para sua oficina de carpintaria. Consultara antes e lhe haviam dito que sim, que comprasse, assim podia dar luz aos pataneros além de fazer móveis para todos. Mas o motor não funcionara nunca e os pataneros gozavam. Esses ferros vazios, diziam, esse motor é um tremendo fardo, Urbino, você foi embrulhado.

— Sem o motor continuamos no escuro. Me entende? Peça que me mandem os habelitos para habelitar o motor, que é tudo isso que vai lá dentro.

A Costa ficou para trás e vimos as primeiras casinhas de madeira. Uns touros fugitivos atravessaram o caminho e seguiram a galope. Dos bananais pendiam botões violeta, inchados, a ponto de arrebentar. Parei para esperar uma velha que vinha arrastando seu longo vestido verde.

— Eu, de jovem, voava — me disse. — Agora não.

Toda Gran Tierra estava na Assembleia. Ninguém se queixava e as brincadeiras e canções continuaram até que tomou a palavra um camponês louro de pômulos salientes e traços duros, que falou da organização e das tarefas. Era o técnico em mecanização agrícola mais importante da região.

Depois nos convidou, a Sérgio e a mim, para comer banana frita.

Tinha aprendido a ler e a escrever aos vinte e cinco anos.

Juntamos uma boa quantidade de caracóis coloridos. Esvaziando-os com uma agulha, um a um, os pusemos a secar ao sol. Eu estava deslumbrado com essas minúsculas maravilhas, de cores e desenhos sempre diversos. Viviam nos troncos das árvores e na parte de baixo das folhas largas das bananeiras. Cada molusco pintava sua casa melhor que Picasso ou Miró.

Nas Patanas me haviam dado um caracol difícil de encontrar. Chama-se Ermitão. Para esvaziá-lo tive bastante trabalho. O molusco estava bastante escondido, no fundo da concha de nácar, mesmo morto se negava a sair. O Ermitão soltava um cheiro asqueroso, mas era de rara beleza. Sua concha, com estrias acobreadas e em forma de punhal malaio, não parecia feita para girar como um pião, mas para soltar-se e voar.

Aurélio nos contou que havia advertido:

— Não vá a Patana, que lá queimam as pessoas e as enterram escondidas. Além do mais, andam muito depressa, os pataneros.

Estávamos em La Assunción. Durante o dia. Aurélio nos acompanhava a todas as partes. À noite, não dormia. Ficava conosco até que alguém lá embaixo assoviava três vezes. Aurélio saltava pela janela e se perdia na folhagem. Logo voltava. Ficava em sua cama, fumando, até ao amanhecer.

Não lhe perguntamos nada.

— Você está azedo, Aurélio — dizia-lhe Sergio. E aconselhava, para um bom despojo, dormir com uma negra negríssima, se possível azul-prússia, e tão feia como uma foca quando toma banho:

— Vai ver como termina a má sorte.

Então Aurélio sorria.

Sergio começava a imitar Amalia Mendoza, La Tariàcuri, chorosa em "Griteme, Piedras del Campo", ou Olga Zubarry em "El Angel Desnudo", quando a menina pura se decide pelo sacrifício para salvar seu pai, e no momento em que está tirando a roupa cai um raio do céu e parte o aproveitador pela metade.

Então Aurélio se ria.

Batia à nossa porta a qualquer hora da noite.

Tinha medo de pesadelos. Concentrava-se pensando em um ponto dentro de um círculo e quando conseguia dormir aparecia um prego gigante que se fundia em seu peito, ou um enorme ímã do qual não se podia desprender, ou uma barra de ferro que o apertava contra a parede e lhe quebrava uma vértebra.

Aurélio era do exército. Sétimo Regimento de Artilharia.

— Querem me dar baixa. Pedi para esperarem. Estou lá aguentando porque me agrada.

Havia tentado ir lutar na Venezuela. Já estavam saindo, ele e outros bolsistas, quando foram pescados. Fidel falou-lhes. Disse-lhe que eram muito jovens, que era melhor estudar.

— Quando vinha para Gran Tierra. no aviãozinho, pensava que tinha uma missão. Eu era correio e estava na Venezuela ou na Bolívia, No aeroporto a polícia me esperava. Eu fugia no teto de um trem.

Cruzamos com Aurélio, cedinho, à saída da aldeia. Levava uma forquilha em uma mão e um machado na outra. Disse-nos que tinha ido matar serpentes. Procurava-as entre as rochas e as moitas e cortava-lhes ou lhes quebrava os ossos.

Mostrou um machado que havia sido do pai.

Uma vez, em Camaguey, o haitiano Matias me pegou o machado. Não foi brusco nem nada. Eles sabem fazê-lo. Olha que vou golpeá-lo, disse, e levantei o machado. O velho Matias nem sequer me tocou. Pôs os braços em cruz, os descruzou e eu fiquei como cego, não sei, e ele já tinha o machado preso pelo cabo.

No café encontramos uma nuvem de garotas.

— Que fizeram do caracol — perguntou uma. — Você tem, trigueiro?

Aurélio ficou vermelho.

Sérgio recomendava, segredando:

— Esta magra é gostosa. Passa uma calça do lado e ela enlouquece. Você a vê e diz: posso matá-la, pesará 50 libras, não vale nada. Mas tem charme.

Elas discutiam:

— Para os gozos foram feitas as cores.

— O jeito de vestir não tem nada que ver. Isso não influi no ser da pessoa.

— Que seja. O melhor vestido de noiva é a pele.

— Casa-se de uma vez para sempre.

— E se ele vai embora? Tem que se conviver para saber.

— Olga, Narda. De onde era aquele que dizia que para se apaixonar...?

— Pois eu tenho uma moral mais alta que o Pico Turquino.

— Ai, meu Deus. Estamos vivendo aqui há tempos e já não aguento mais.

A magra se chamava Bismânia. Ela havia escolhido seu nome quando deixou de agradar-lhe o que tinha.

Lá perto havia uma brigada levantando paredes. Nos oferecemos para dar uma mão.

— Não gosto de nenhuma dessas — disse Aurélio.

Trabalhamos até ao anoitecer. Ficamos os três brancos de cal, duros de cimento.

Aurélio nos confessou que tinha vindo a Gran Tierra perseguindo uma garota. Tinham se conhecido em Havana quando ela lá estudava. O pai a mantinha fechada a sete chaves e jurava que se Aurélio se aproximasse dela metia-lhe um tiro na cabeça. Era ela quem mandava os mensageiros que assobiavam de noite ao pé da janela de Aurélio. Assim se encontravam, por um instante, entre as árvores.

Mas àquela noite ninguém assoviou e Aurélio não bateu à porta. Não o vimos no dia seguinte.

Quando perguntamos por ele, já estava voando de volta a Havana.

— Queria roubar a camponesa — nos disseram. — O pai mandou buscá-lo.

O pai de Aurélio usava as três insígnias de capitão. Aurélio tinha seis anos e fazia quatro dias que Batista havia fugido em um avião. Ele viu um homem imenso vir pela praia de Baracoa. Tinha a barba até o peito e um uniforme cor de azeitona.

— Está vendo — disse-lhe a mãe. — Esse é seu papai.

Aurélio correu pela praia. O homem levantou-o e abraçou-o

— Não chore — disse. — Não chore.

CARTA DE BARCELONA III
A MEMÓRIA E OS DIAS

A GUERRA DO CHACO

Um famoso playboy latino-americano fracassa na cama de sua amante. "À noite bebi demais", se desculpa na hora do café da manhã. A segunda noite atribui ao cansaço. A terceira noite muda de amante. Na outra semana vai consultar o médico. Em um mês, muda de médico. Tempos depois. começa a psicanalisar-se. Experiências submergidas ou suprimidas vão surgindo, sessão após sessão, à superfície da consciência. E recorda:

1934. Guerra do Chaco. Seis soldados bolivianos perambulam por uma puna em busca de sua tropa. São os sobreviventes de um destacamento derrotado. Arrastam-se pela estepe gelada sem ver uma alma nem comer nada. Este homem é um desses homens.

Uma tarde descobrem uma indiazinha que conduz um rebanho de cabras. Perseguem-na. Cercam-na. Violam-na. Entram nela um após o outro.

Chega a vez desse homem, que é o último. Ao jogar-se sobre a índia, adverte que já não respira.

Os cinco soldados formam um círculo ao redor.

Cravam os fuzis em suas costas.

E então, entre o horror e a morte, este homem escolheu o horror.

A PASSAGEIRA

Achavál morava longe, a mais de uma hora de Buenos Aires. Não queria passar a noite na cidade, porque era triste a madrugada a sós no trem.

Cada manhã, Acha subia no trem das nove para ir trabalhar. Subia sempre no mesmo vagão e se sentava no mesmo lugar.

Na sua frente, viajava uma mulher. Todos os dias, às nove e vinte e cinco, essa mulher descia por um minuto em uma estação, sempre a mesma, onde um homem a esperava parado sempre no mesmo lugar. A mulher e o homem se abraçavam e se beijavam até que soava a sirene. Então ela se desprendia e voltava ao trem.

Essa mulher se sentava em frente, mas Acha nunca escutou sua voz.

Uma manhã ela não veio e às nove e vinte e cinco Acha viu, pela janela, o homem esperando na plataforma. Ela nunca mais veio. No fim de uma semana, também o homem desapareceu.

AS ALTAS TERRAS ÁRIDAS

Margarita, me conta Alejandra, passou um tempo em Cañar.

Naqueles altos desertos, os índios ainda se vestem de negro pelo crime de Atahualpa.

A comunidade comparte o pouco que se arranca das terras áridas.

Não há jornais; e ademais ninguém sabe ler. Tampouco há rádios; e de todos os modos os rádios falam a língua dos conquistadores. Como fazem as pequenas aldeias para inteirar-se do que ocorre na comunidade? Cada aldeia envia dois ou três atores a percorrer a comarca: eles representam as notícias e atuam os problemas. Ao contar o que se passa, contam o que são:

– Nos roubaram o sol e a lua. Nos trouxeram outros deuses. Não os compreendemos; mas por eles estamos nos matando.

Margarita não foi a Cañar para ensinar teatro, mas para aprender e ajudar.

Passaram os meses. Margarita sofria o frio e as lonjuras.

O chefe da comunidade, que se chama Quindi, lhe pousou a mão no ombro:

— Márgara — lhe disse — Você está muito triste. E se é assim, é melhor que se vá. Para lamentos, basta com os nossos.

CRÔNICA DE FUTEBOL

Há anos, em Kiev, na Ucrânia, me contaram por que os jogadores do Dínamo haviam merecido uma estátua.

Me contaram uma história dos anos da guerra.

Verão de 1942, Ucrânia ocupada pelos nazistas. Os alemães organizam uma partida de futebol. A seleção nacional de suas forças armadas contra o Dínamo de Kiev, formado por operários da fábrica de panos: os super-homens contra os mortos de fome.

O estádio está repleto. As tribunas se encolhem, silenciosas. quando o exército vencedor mete o primeiro gol da tarde; se incendeiam quando o Dínamo empata; explodem quando o primeiro tempo termina com os alemães perdendo de 2 a 1.

O comandante das tropas de ocupação envia seu ajudante de ordens ao vestiário. Os jogadores do Dínamo escutam a advertência:

— Nossa equipe nunca foi vencida em territórios ocupados.

E a ameaça:

— Se ganham, os fuzilamos.

Os jogadores voltam ao campo.

Em poucos minutos, terceiro gol do Dínamo. O público segue o jogo de pé e em um só grande grito. Quarto gol: o estádio vem abaixo de júbilo.

Subitamente, antes da hora, o juiz dá por terminada a partida.

Os fuzilaram ainda com os uniformes, no alto de um barranco.

ROUPAS

Vem-me à cabeça algo que me contou, há cinco ou seis anos, Miguel Littin. Ele acaba de filmar "La Tierra Prometida" em uma pobre comarca do Chile.

Os camponeses do lugar, gente sensível e boa, se faziam de extras nas cenas de massas. Uns representavam a si mesmos; outros faziam o papel de soldados. Os soldados invadiam o vale e a sangue e fogo arrancavam as terras dos camponeses. A fita era uma crônica da matança.

No terceiro dia começaram os problemas. Os camponeses que vestiam uniforme, andavam a cavalo e disparavam balas de festim se haviam feito arbitrários, mandões e violentos. Eles acossavam os outros camponeses depois de cada jornada de filmagem.

O CAVALO E A PEDRA

Janto comida chinesa com Nicole e Jorge.

Nicole fala de um escultor que ela conhece, homem de muito talento e fama. O escultor trabalha em uma oficina imensa, rodeado de crianças. Todas as crianças do bairro são suas amigas.

Um belo dia a prefeitura lhe encomendou um grande cavalo para uma praça de Genebra. Um caminhão trouxe à oficina o bloco de granito. O escultor começou a trabalhá- lo, de cima de uma escada, a golpes de martelo e cinzel. As crianças o observam.

Então as crianças partiram, em férias, rumo às montanhas ou ao mar.

Quando regressaram o escultor mostrou-lhes o cavalo terminado.

E um dos meninos, atônito, perguntou:

— Mas... como sabias que dentro daquela pedra havia um cavalo?

CARTA DE BARCELONA IV
DEPOIS DO MEDO

Em 15 de junho a Espanha livrou-se do peso de 41 anos de ditadura e medo. Tinha sido reconfortante escutar de viva voz, pelos alto-falantes, nas praças, nas ruas, frases e canções que animaram a campanha eleitoral e que antes só se podia cantarolar em voz baixa. A Internacional era transmitida pelo rádio e televisão em toda Catalunha se cantava Els Segadora, hino nacional catalão proibido durante o governo centralista e autoritário do Generalíssimo Franco.

No dia das eleições, apenas um em cada dez espanhóis fez uso das cabines secretas para votação. Muitos levaram suas cédulas já preparadas e outros as preencheram à vista de todo mundo. Em algumas mesas de Andaluzia, os votos eram proclamados aos gritos.

Foi um dia de sol, agradável e tranquilo. As eleições transcorreram sem incidentes de importância. Duas freiras foram detidas em Murcia por violar as disposições legais vigentes para o dia das eleições. As freiras estavam distribuindo propaganda do Partido Comunista. No dia das eleições é proibido fazer propaganda política.

O Partido Socialista ganhou em todas as grandes cidades — Barcelona, Madrid, Bilbao — e nas regiões de concentração industrial. Ali os votos valem menos. Por outro lado. a União do Centro Democrático, do primeiro-ministro Adolfo Suárez, foi mais favorecida nas regiões atrasadas e de pouca população. Ali os votos valem mais. Com 35 mil votos se pode ser deputado pela província de Salamanca, mas são necessários 67 mil para ser deputado por Barcelona. Este sistema explica o grande desequilíbrio entre a proporção de votos e a distribuição de cadeiras no novo Congresso de Deputados. Os socialistas terão cinquenta deputados menos que o partido do governo, embora a diferença de votos tenha sido de apenas cinco por cento.

Os trabalhadores espanhóis emigrados, perto de um milhão em idade de votar, estiveram ausentes no dia 15. Dos 160 mil operários espanhóis na Alemanha Federal, por exemplo, apenas 500 receberam a confirmação de seu registro eleitoral e o material para votar. É notório que os partidos de esquerda têm ampla maioria entre os trabalhadores espanhóis que vivem sob outros céus. Parece injusto que não tenham podido juntar-se à festa da democracia nascente, os homens sobre cujas costas descansou, em larga medida, o desenvolvimento econômico espanhol destes últimos anos. Os emigrantes remetem ao país perto de um bilhão de dólares por ano, e com eles a Espanha alivia o déficit de sua balança de pagamentos.

Outros ausentes na madrugada da democracia foram um milhão e meio de jovens de mais de 18 anos que não puderam votar por não terem completado os 21. Votos de esquerda? Quase certo.

Os funerais da direita tradicional. A Aliança Popular, o partido dos ex-ministros de Franco, foi o que mais gastou em propaganda. Despesa inútil. Agora, depois da catástrofe, a Aliança está falida. Perdeu vinte milhões de dólares. Os quatro maiores bancos da Espanha, que ao que parece financiaram a propaganda da direita, querem cobrar. O estado paga os votos na Espanha; mas a Aliança Popular não foi votada por ninguém. Em 15 de junho, o franquismo foi enterrado dois anos depois de Franco.

A direita não morre; se adapta. Moderniza-se. Espanha, nona potência industrial do mundo, não pode ser conduzida por homens da Idade Média. Adolfo Suárez, que vem do franquismo, realizou uma política inteligente a serviço da democratização do país. Sob seu mandato, e com o respaldo do rei Juan Carlos, a censura praticamente desapareceu, quase todos os presos políticos ganharam liberdade, as forças de esquerda mais importantes foram legalizadas e os verdadeiros sindicatos, os sindicatos realmente representativos da classe trabalhadora, saíram da clandestinidade e do cárcere. Adolfo Suárez organizou as primeiras eleições livres ao fim de 41 anos de jejum e abstinência — e ele as ganhou. Conseguiu transmitir uma imagem de segurança sob medida para uma maioria que ao mesmo tempo deseja a mudança e a teme. Seu sorriso ao estilo Kennedy ou Carter parece simbolizar o trânsito da Espanha para um novo estilo político. O país se reincorpora ao século vinte, depois de um grande tempo de ausências e desencontros. Espanha é Europa, mas uma Europa atrasada por essa fuga da história que significou a vitória a sangue e fogo do fascismo em 1939. Todos os partidos utilizaram as palavras "Europa" ou "europeu" na campanha eleitoral. A União do Centro Democrático, do primeiro-ministro Suárez, prometeu "uma democracia ao estilo da Europa". "Votemos como Europa", propôs a Democracia Cristã, que exibiu em sua propaganda os rostos do presidente da Bélgica, do primeiro-ministro da Itália e do presidente do senado francês. Por seu lado, o Partido Socialista Obrero Español soube capitalizar bem o apoio dos líderes europeus Willy Brandt, Schmidt, Miterand, Olaf Palme... Nos cartazes do Partido Socialista as crianças espanholas eram louras e tinham caras alemãs.

Transcorrerão ainda alguns anos antes que os comunistas espanhóis possam provar que não fedem a enxofre, nem têm rabo, chifres ou tridentes. Um grupo de jovens comunistas que distribuía propaganda em um edifício de Madrid teve que retirar-se, a pedido da porteira, porque ao saber que haviam entrado os comunistas, uma senhora do terceiro andar desmaiou.

Vários poetas famosos foram candidatos a deputado pelo Partido Comunista. Rafael Alberti, Marcos Ana, Gabriel Celaya. Somente Alberti foi eleito. Não pronunciou discursos inflamados nos comícios. Fez sua campanha eleitoral lendo poemas e percorreu as cidades da província de Cádiz com um teatro de marionetes.

Os comunistas foram os terceiros, depois de Suárez e dos socialistas. Receberam menos votos do que esperavam.

Mas o país mudou. Os comunistas catalães se assustaram quando dois policiais uniformizados entraram em sua sede de Barcelona, na semana passada. Vinham se inscrever no partido.

Há vários anos que os comunistas não queimam as igrejas, mas se reúnem nelas. O exército dos vencedores, que engoliu o sapo vivo da legalização dos vencidos, também mudou. O comandante do Estado-Maior Julio Busquets é agora um flamante deputado socialista pela Catalunha.

Nas vésperas das eleições, William Singleton tinha recuperado a saúde. Singleton é o presidente da Câmara de Comércio norte-americana na Espanha. Advertiu que qualquer tendência para o socialismo retrairia os investimentos americanos na Espanha. Singleton lembrou que existem muitos créditos pendentes, cuja concretização dependia do resultado das eleições. De sua parte, o presidente da Câmara de Comércio de Barcelona, Andrés Ribera Rovira, profetizou uma queda dos investimentos na Espanha se os socialistas e comunistas ganhassem. "Enquanto não se demonstre a boa vontade desses partidos, eu como empresário não invisto uma peseta, e creio que não sou o único", declarou o sr. Ribera Revira.

O florescimento de uma democracia à europeia acontece em condições econômicas muito adversas. Suárez se verá obrigado a adotar medidas impopulares para combater a inflação. Se desencadeará um processo de enfrentamentos agudos com os sindicatos e os partidos de esquerda.

A direita, que ama as ideias gerais e absolve generalizando, disse que o país consome demasiado, ainda que os que gastam mais do que produzem são alguns setores da classe média e da classe alta. Nos bairros ricos, a máquina do desperdício: as latas de lixo amanhecem cheias de aparelhos elétricos que seriam fáceis de consertar, alimentos que se consomem pela metade e de objetos que se trocam em razão da competição ou do prestígio social em plena vida útil.

No mesmo país onde se encontra uma máquina de lavar roupas num terreno baldio, há oitocentos mil trabalhadores sem emprego, segundo os dados oficiais. e o custo de vida subirá este ano até um nível recorde. Espanha não onera os ricos e tem o sistema tributário mais atrasado da Europa.

A renda do turismo e as remessas dos emigrantes não chegam a encher o enorme rombo da balança comercial. Vende-se ao estrangeiro muito menos do que se compra dele. O país triplicou sua dívida externa nos últimos três anos. Os tecnocratas do Fundo Monetário Internacional — que nós, os latino-americanos, bem conhecemos — desembarcaram aqui com o seu manual de receitas debaixo do braço.

Há fatos que, de tanto serem esperados, quando finalmente acontecem perdem toda impressão de realidade. Durante anos e anos — desde a época de minha entrada na universidade — aguardei, como milhões de compatriotas, este dia, o dia por antonomásia, que deveria dividir — algo assim como o nascimento de Jesus na perspectiva egocêntrica do cristianismo — minha vida, nossa vida, em duas: Antes e Depois. Limbo e Céu. Queda e Regeneração.

Não sou homem particularmente rancoroso. Acredito sinceramente que na lista dos meus defeitos ou traços negativos de caráter não figura o ódio. Durante toda minha existência, sempre procurei fazer com que os conflitos morais ou ideológicos inerentes a minha intervenção na vida cultural espanhola não degenerassem em lutas pessoais e, quando assim aconteceu — nos raros casos de inimizade pelos quais sou responsável — o esquecimento foi sempre mais forte que minha sanha.

Como explicar, então, tratando-se dele, a persistência de minha aversão? Na longa, irreal agonia destas últimas semanas — enquanto era torturado cruelmente por uma espécie de justiça médica compensatória da injustiça histórico-moral que lhe permitia morrer de velhice, na cama — essa sentimento não me abandonou nunca: nenhuma sensação de piedade acompanhou a leitura — objetivamente monstruosa — das novas e mais rigorosas aflições que dia a dia eram divulgadas oficialmente por uma equipe médica que parecia crescer na razão direta do número das enfermidades.

Não vou traçar agora a história sangrenta de sua ascensão ao poder, nem dos métodos repressivos pelos quais se manteve nele durante trinta e nove anos: o célebre milhão de mortos da guerra civil, as centenas de milhares de presos e fuzilados de após-guerra, o exílio de outro milhão de espanhóis, entre os quais se encontravam as personalidades mais destacadas do mundo da cultura, de Picasso a Casais, de Américo Castro a Gullién, de Buñuel a Cernuda. Tampouco me referirei às parodoxais e não menos previsíveis consequências da mudança econômica operada sob sua égide, mediante uma rígida disciplina militar imposta à classe operária e uma incrível opressão do campesinato. Processo que iria desembocar, na década de 1960, na conversão do país numa sociedade industrial moderna: esta temida realidade contra a qual precisamente lutaram numerosos espanhóis de seu bando, defensores de uma Espanha tradicional e imóvel, burlados assim em sua morte e obrigados a assistir em vida à apoteose de valores econômicos que nem a Reforma Protestante, nem o Século das Luzes, nem a Revolução Industrial conseguiram aclimatar em nosso solo. Transformações em cadeia: pacífica invasão anual de trinta milhões de turistas, emigração trabalhista maciça aos países da Comunidade Econômica Europeia; crescente inversão de capitais estrangeiros, principalmente norte-americanos; industrialização acelerada do país; abandono das primitivas relações de produção no setor agrário. Transtornos fundamentais, rotundos, que, ao abrir um crescente fosso entre a estrutura de uma sociedade dinâmica, cheia de vida e uma superestrutura política própria de outro tempo, deveria solapar de modo surdo os fundamentos de seu regime, em razão mesmo de seu aparente e ostentatório triunfo. Verdugo e ao mesmo tempo criador involuntário da Espanha moderna, cabe aos historiadores, e não a mim, estabelecer seu verdadeiro papel no decurso dos últimos quarenta anos, sem incorrer nas falsidades da hagiografia oficial nem nas deformações de sua correspondente lenda negra.

Na hora de sua morte, gostaria de me estender no que significou sua existência para aqueles que éramos crianças durante a guerra civil — homens e mulheres hoje condenados à anômala situação de envelhecer sem ter conhecido, por causa dele, juventude ou responsabilidades. Talvez a característica da época que nos tocou viver tenha sido esta: a impossibilidade de nos realizarmos na vida livre e adulta dos acontecimentos. de intervir de algum modo nos destinos da sociedade fora da linha traçada por ele de uma vez para sempre, com a consequência obrigatória de reduzir a esfera de ação de cada um à vida privada ou empurrá-la a uma luta egoísta pelo bem-estar pessoal e submetida à lei do mais forte. Não me escapa que a mera possibilidade de resolver o problema econômico imediato, por injusto e cruel que tenha sido o procedimento seguido para obtê-la. Significa uma melhoria considerável em relação às condições existentes na sociedade hispânica de antes da guerra, e é preciso reconhecer que, dissociando os termos de liberdade e bem estar, grande número de espanhóis se acomodou relativamente bem a um "progresso" que desconhece a necessária existência de liberdades. Mas para os homens e mulheres de duas gerações sucessivas, mais ou menos dotados de sensibilidade social e moral, e para os quais a liberdade de medrar ou enriquecer de forma mais ou menos honesta não podia satisfazer de modo algum suas aspirações de equidade e justiça, as consequência do sistema tiveram um efeito devastador: um verdadeiro genocídio moral. Ante a impossibilidade material de enfrentar o aparato repressivo institucionalizado por ele, todos nós ficamos reduzidos. num ou noutro momento de nossas vidas, ao dilema de emigrar ou transigir com uma situação que exigia de nós silêncio e dissimulação, quando não o abandono suicida dos princípios, a resignação castradora, a atitude cínica e cética. Uma pequena minoria escolheu com grande valor uma terceira e mais difícil via: a das grandezas e misérias de uma luta clandestina que, por seu caráter reiterativo e pela desproporção das forças em jogo, converteu a política, até data recente, numa espécie de droga e o opositor nesse tipo de viciado, tão frequente na vida espanhola, cuja monótona fraseologia triunfalista, desmentida pela crua verdade dos acontecimentos, não é mais do que um reflexo de sua impotência absoluta e cujas razões, mais que razões, são atos de vontade, já que não de fé. Exílio, silêncio, demissão ou wishful thinking por último, transformados em mitomania: anos e anos de dor, frustração e amargura, enquanto — comumente por razões que pouco tinham a ver com sua clarividência pessoal ou com a conjuntura propriamente espanhola — o panorama do país se transfigurava, fábricas, complexos habitacionais e turísticos destruíam a paisagem ancestral, rios de automóveis enchiam ruas e estradas, e a renda nacional pulava em dez anos de 400 a 2000 dólares por cabeça.

Apenas ele não mudava: Dorian Gray nos selos, jornais ou lacres dos despachos oficiais, enquanto as crianças se tornavam jovens, os jovens alcançavam a idade adulta, os adultos perdiam cabelos e dentes e aqueles que, como Picasso ou Casais, juraram não voltar a Espanha durante o tempo em que ele vivesse, baixavam ao sepulcro longe da terra onde nasceram e onde normalmente teriam podido viver e expressar-se. Sua onipresença pesava sobre nós como a de um pai castrador e arbitrário que governava nossos destinos por decreto. Lembro como se fosse hoje que com vinte anos escassos escrevi uma fábula ingênua, denunciando seu poder, e imediatamente depois sonhei que estava preso. Junto com a censura promovida por ele seu regime criava algo pior: um sistema de auto-censura e atrofia espiritual que condenou os espanhóis à arte sinuosa de escrever e ler nas entrelinhas, a ter sempre presente a existência de um censor investido da monstruosa faculdade de mutilá-los. A liberdade de expressão não é algo que se adquira facilmente. Por experiência própria, sei que me foram necessários grandes esforços para eliminar de minha vida interior um hóspede inoportuno: o policial que estava colado lá dentro sem que aparentemente ninguém o tivesse convidado. Provavelmente, no dia em que jornalistas e escritores espanhóis começarem a escrever despojados do peso deste Super-Ego, experimentarão este mesmo temor que me apanhou na vertigem de um vazio súbito — essa liberdade que se abre a nossos pés, o poder dizer sem rodeios o que se pensa. Luta não exterior, mas interna, contra o modelo de censura intrapsíquica, de censura incluída no "mecanismo da alma", segundo a conhecida expressão de Freud. Talvez para muitos intelectuais de minha idade, a liberação chegue demasiado tarde e não possam habituar-se nunca a uma escritura responsável — vítimas para sempre de um esterilizador Super-Ego. projeção interiorizada de seu ilimitado poder.

Seu pragmatismo político, fundado num pequeno número de premissas simples, como as que figuram em seu testamento, foi, como li recentemente, "o único tático num país de estrategistas". Não pressupunha lealdade ideológica alguma, além da pura obediência. A escala oficial de virtudes e méritos media-se apenas em proporção à fidelidade à sua pessoa. Como consequência ele criava — junto a uma minoria corrupta que abarcava para si os benefícios e privilégios — uma enorme massa de cidadãos submetidos a uma perpétua minoria legal: impossibilidade de votar, comprar um jornal com opiniões diferentes das do governo, ler um livro ou ver um filme não censurado, associar-se com outros cidadãos descontentes, protestar contra os abusos, sindicalizar-se. Imensos potenciais de energia que, como não eram canalizados de maneira criativa habitual, transformavam-se inevitavelmente em neurose, malevolência, alcoolismo, agressividade, impulsos suicidas, pequenos infernos privados. Algum dia a psiquiatria espanhola deverá analisar seriamente os resultados dessa tutela maligna sobre uma massa de adultos constrangidos a suportar uma imagem degradada de si mesmos e assumir ante os demais uma conduta inválida, infantil ou culpada. As repressões e tabus, os hábitos mentais de submissão ao poder, de aceitação acrítica dos valores oficiais que hoje nos condicionam não serão desarraigados em um dia. Ensinar a cada espanhol a pensar e atuar por sua conta será um trabalho difícil, independentemente das vicissitudes políticas do momento. Será preciso aprender pouco a pouco a ler e escrever sem medo. a falar e ouvir com inteira liberdade. Um povo que viveu quase quarenta anos em condições de irresponsabilidade e impotência, é necessariamente um povo enfermo, cuja convalescência se prolongará na razão direta da duração de sua enfermidade.

Muitas vezes — na medida em que se consumava a ruptura efetiva com meu país e ao meu distanciamento físico dele se somava um novo distanciamento, de ordem espiritual — pensei neste personagem cuja sombra pesou sobre meu destino com muito mais força e poder que meu próprio pai. Um personagem a quem não vi fisicamente nunca e que por sua vez ignorava minha existência, mas que era a origem da cadeia de acontecimentos que suscitaram meu exílio e vocação de escritor: o trauma incurável da guerra civil e a morte de minha mãe num bombardeio de sua aviação; a aversão à ordem conformista em que os seus quiseram formar-me e cujas odiosas cicatrizes ainda carrego, o desejo precoce de abandonar para sempre um país forjado à sua imagem e em cujo seio me sentia como um estranho. O que sou hoje, a ele devo. Ele me converteu em um Judeu Errante, em uma espécie de João Sem Terra, incapaz de aclimatar-se e sentir-se em casa em qualquer parte. Ele me impulsionou a escrever desde minha infância para exorcizar minha conflitiva relação com o meio e comigo mesmo, por meio da criação literária.

Outros tiveram menos sorte do que eu. Não falo apenas de suas inumeráveis vítimas físicas, mas do destruído e arruinado nas consciências dos que tiveram que aceitar a derrocada de seus ideais mais nobres, sua própria morte moral. Ou dos desejos e esperanças associados à eliminação da ordem, que ele impôs na Espanha através da força, e que muitos não viram realizar-se nunca. Penso em Cipriano Mera, comandante do IV Corpo do Exército Republicano, morto num hospital de Paris na obscuridade e na pobreza, enquanto o equipamento cirúrgico mais moderno do mundo o mantinha, a ele, artificialmente com vida. Penso em Leòn Felipe, Max Aub, Julio Alvarez del Vayo e tantos outros que mantiveram heroicamente até o fim a fidelidade aos princípios pelos quais generosamente lutaram. Seu sinistro final — digno do pincel de Goya ou da pena de Valle Inclán — chega demasiado tarde para eles. Ninguém poderá ressuscitá-los.

No que me diz respeito, a notícia chega também com atraso: algo assim como a aceitação de uma proposta amorosa muito tempo depois de ter sido feita, quando o autor se cansou da espera e organiza como pode sua vida em função de outra pessoa. Para ter produzido todo seu impacto, deveria ter chegado quinze anos antes, quando conservava intacta minha paixão pelo país e teria podido intervir em sua vida pública com mais fé e entusiasmo do que agora. Em 1975 sou. como disse o poeta Luiz Cernuda, "un español sin ganas" — um espanhol que o é porque não pode ser outra coisa. O dano foi também irreparável e me acomodo a ele à minha maneira, sem rancor nem saudade.

Seu apego feroz à vida — essa resistência obstinada que tanto surpreendeu os que presenciaram sua agonia interminável — joga tintas ainda mais negras sobre o personagem que poucas semanas antes enviou friamente ao paredão, sem atender aos protestos do mundo inteiro, cinco compatriotas, jovens, culpados do imperdoável delito de responder com violência à violência legalizada de seu governo.

Me custa a fórmula, mas a arrancarei de meus lábios — com a condição, claro está, de que não continue reinando desde a tumba: na medida em que, livre de sua presença enfim, o país viva e respire, "descanse em paz".

25 de novembro de 1975

CARTA DE BARCELONA V
EM DEFESA DA PALAVRA

1

As pessoas escrevem a partir de uma necessidade de comunicação e de comunhão com os outros, para denunciar aquilo que machuca e compartilhar o que traz alegria. As pessoas escrevem contra sua própria solidão e a solidão dos demais — porque supõem que a literatura transmite conhecimentos, age sobre a linguagem e a conduta de quem a recebe, e nos ajuda a nos conhecermos melhor, para nos salvarmos juntos. Mas "os outros" e "os demais" são termos demasiado vagos; nos tempos de crise — tempos de definição — a ambiguidade parece assemelhar-se demasiadamente à mentira. Em realidade, a gente escreve para as pessoas com cuja sorte ou má sorte se sente identificado: os que comem mal, os que dormem pouco, os rebeldes e humilhados desta terra; que em geral nem sabem ler. Dentre a minoria alfabetizada, quantos dispõem de dinheiro para comprar livros? Será que tal contradição se resolve quando a gente diz que escreve para essa cômoda abstração chamada "massa"?

2

Não nascemos na lua, nem moramos no sétimo céu. Temos a sorte e o azar de pertencer a uma região atormentada do mundo — a América Latina — e de viver historicamente num tempo que castiga duramente a gente. Aqui, as contradições da sociedade de classes são mais ferozes do que nos países ricos. A miséria massiva é o preço que os países pobres pagam para que seis por cento da população mundial possa consumir impunemente a metade da riqueza que o mundo inteiro produz. Na América Latina, é ainda maior a distância — como um abismo — que se abre entre o bem-estar de alguns poucos e a desgraça de muitos; os métodos necessários para salvaguardar essa distância também são mais selvagens.

O desenvolvimento de uma indústria restritiva e dependente — que foi implantada sobre as velhas estruturas agrárias e minerais, sem alterar suas deformações essenciais –, ao invés de aliviar as contradições sociais, aguçou-as. Hoje em dia, a habilidade dos políticos tradicionais, especialistas nas artes da sedução e do engano, mostra-se insuficiente, antiquada, inútil; o jogo populista, que acedia em concordar para melhor manipular, já não é possível porque se revela uma perigosa espada de dois gumes. As classes e os países dominantes recorrem à máquina repressiva. E de que outra maneira poderia sobreviver sem mudanças um sistema social cada vez mais parecido com um campo de concentração? Como se poderia manter sob controle essa crescente legião dos malditos — sem utilizar as cercas de arame farpado?

O espaço disponível para a simulação e as boas maneiras é abreviado à medida em que o sistema se sente ameaçado pelo aumento incansável do desemprego, da pobreza e das tensões sócio-políticas daí derivadas, então, é nos subúrbios do mundo que o sistema revela seu verdadeiro rosto.

E por que não reconhecer um certo mérito de sinceridade nas ditaduras que oprimem a maioria de nossos países hoje em dia? Nos tempos de crise, a liberdade dos negócios implica na prisão das pessoas.

Os cientistas latino-americanos emigram, os laboratórios e as universidades não têm recursos, o *know how* industrial é sempre estrangeiro e muito caro; mas por que não reconhecer um certo mérito de criatividade no desenvolvimento de uma tecnologia do terror? A América Latina vem trazendo inspiradas contribuições universais quanto ao desenvolvimento de métodos de tortura, técnicas de assassinato de pessoas e ideias, cultivo do silêncio, multiplicação da impotência e plantio do medo.

Se queremos trabalhar por uma literatura que ajude a revelar a voz dos que não têm voz, como podemos atuar dentro dessa realidade? Será que podemos nos fazer ouvir em meio a uma cultura surda e muda? Nossas culturas são repúblicas do silêncio. A pequena liberdade do escritor não seria, às vezes, a prova de seu fracasso? Até onde e até quem podemos chegar?

Que bela tarefa a de anunciar o mundo dos justos e dos livres! Que função mais digna, essa de dizer não ao sistema da fome e das cadeias visíveis ou invisíveis! Mas os limites estão a quantos metros de nós? Até onde os donos do poder nos dão permissão de ir?

3

Já se discutiu muito a respeito das formas diretas de censura sob os diversos regimes sociais e políticos que, no mundo todo, são ou tem sido o cárcere ou a cova de escritores e jornalistas — seja mediante a proibição de livros e jornais incômodos ou perigosos, seja mediante o exílio.

Mas a censura indireta age de um modo mais sutil. Não é menos real por ser menos aparente. Pouco se fala dela. E entretanto, é esse o tipo de censura que mais profundamente define o caráter opressor e exclusivista do sistema que existe na maioria dos países latino-americanos. Em que consiste essa censura que nunca ousa dizer seu nome? Ela é como o barco que não pode navegar porque não tem água no mar, ou seja, se apenas cinco por cento da população latino-americana pode comprar geladeiras, que porcentagem pode comprar livros? E que porcentagem pode lê-los, sentir sua necessidade, receber sua influência.

Nós, os escritores latino-americanos. somos assalariados de uma indústria da cultura que serve de consumo para uma elite ilustrada à qual pertencemos e para quem escrevemos. Tal é a situação objetiva dos escritores cuja obra confirma a desigualdade social e a ideologia dominante; mas é também a situação objetiva daqueles que pretendemos romper com o atual estado de coisas. Estamos bastante bloqueados pelas regras do jogo da realidade onde agimos.

A ordem social vigente perverte ou aniquila a capacidade criadora da imensa maioria dos homens e reduz a possibilidade da criação (antiga resposta à dor humana e à certeza da morte) ao exercício profissional de um punhado de especialistas. Quantos somos, na América Latina, esses "especialistas"? Para quem escrevemos, até quem chegamos? Qual é o nosso público real? Desconfiemos dos aplausos. Às vezes nos congratulam aqueles que nos consideram inócuos.

4

A gente escreve para despistar a morte e destruir os fantasmas que nos afligem, por dentro; mas aquilo que a gente escreve só pode ser útil quando coincide de alguma maneira com a necessidade coletiva de conquista da identidade. Ao dizer "Sou assim" e assim oferecer-me, acho que eu gostaria de, como escritor, poder ajudar muitas pessoas a tomar consciência do que são. Enquanto instrumento de revelação da identidade coletiva, a arte deveria ser considerada matéria de primeira necessidade e não artigo de luxo. Entretanto, na América Latina, o acesso aos produtos de arte e cultura está vedado à imensa maioria das pessoas.

Para os povos cuja identidade foi sempre rompida pelas sucessivas culturas de conquista — e cuja exploração desapiedada tem ajudado o funcionamento da maquinaria do capitalismo mundial — o sistema gera a chamada "cultura de massas". Mas essa arte degradada de circulação massiva, que manipula as consciências, oculta a realidade e sufoca a imaginação criadora deveria ser mais apropriadamente definida como "cultura para massas". Sem dúvida, ela não serve para revelar a identidade; ao contrário, é uma maneira de apagar ou deformar a identidade, impondo modos de vida e regras de consumo que se difundem massivamente através dos meios de comunicação. Então, acaba-se chamando "cultura nacional" à cultura da classe dominante, que vive segundo padrões importados e se limita a copiar, com desonestidade e mau gosto, a chamada "cultura universal" — seja lá como definam a "cultura universal" aqueles que a confundem com a cultura dos países dominantes. Em nossa época de mercados múltiplos e de corporações multinacionais, a economia se internacionalizou e a cultura também (a "cultura de massas") graças ao desenvolvimento acelerado e à difusão massiva dos meios de comunicação. Os centros de poder nos exportam máquinas, patentes e também ideologia. Na América Latina, se o gozo dos bens terrenos está reservado a poucos, é necessário que a maioria se resigne a consumir fantasias. Vendem-se ilusões de riqueza aos pobres e ilusões de liberdade aos oprimidos, aos vencidos vendem-se sonhos de triunfo, e aos fracos sonhos de poder. Não é preciso saber ler para consumir os apelos simbólicos que a televisão, o rádio e o cinema difundem, justificando a organização desigual do mundo.

Para perpetuar o estado de coisas vigente nestas terras onde a cada minuto morre uma criança de doença ou fome, é preciso que a gente se olhe com os olhos de quem nos oprime. Somos domesticados para aceitar "esta" ordem como a ordem "natural" e, portanto, eterna. Identifica-se o sistema com a pátria, de maneira que o inimigo do regime acaba sendo um traidor ou um agente estrangeiro. Santifica-se a lei da selva, que é a lei do sistema, para que os povos derrotados aceitem seu destino como uma fatalidade; falsificando o passado escamoteiam-se as verdadeiras causas do fracasso histórico da América Latina, cuja pobreza alimentou sempre a riqueza alheia: na televisão ou no cinema ganha o melhor, e o melhor é o mais forte. O desperdício, o exibicionismo e a falta de escrúpulos não causam asco, e sim admiração; tudo pode ser comprado, vendido, alugado, consumido, inclusive a alma. Atribui-se a um cigarro, a um automóvel, a uma garrafa de uísque ou a um relógio com propriedades mágicas: outorgam personalidade, fazem triunfar na vida, dão felicidade ou êxito. A proliferação de heróis e modelos estrangeiros corresponde ao fetichismo das marcas e das modas dos países ricos. As fotonovelas e as telenovelas locais acontecem num limbo de cafonice, à margem dos problemas sociais e políticos reais de cada país; e os seriados importados vendem democracia ocidental e cristã junto à violência e ao molho de tomates.

5

Nestas terras de jovens, jovens que se multiplicam sem parar e que não conseguem emprego, o tic-tac da bomba de tempo obriga os que mandam a dormir com um olho só. Os muitos métodos de alienação cultural, máquinas de dopar e de castrar, ganham uma importância cada vez maior. As fórmulas de esterilização das consciências são ensaiadas com mais êxito que os planos de controle de natalidade.

A melhor maneira de colonizar uma consciência consiste em suprimi-la. Neste sentido, também opera, deliberadamente ou não, a importação de uma falsa contracultura que encontre eco crescente nas novas gerações de alguns países latino-americanos. Os países que não abrem aos jovens opções de participação política — pela petrificação de suas estruturas ou por seus asfixiantes mecanismos de repressão — oferecem os terrenos melhor adubados para a proliferação de uma suposta "cultura de protesto", vinda de fora, subproduto da sociedade de ócio e esbanjamento, que se projeta a todas as classes sociais a partir do anticonvencionalismo postiço das classes parasitárias.

Os hábitos e símbolos da revolta juvenil dos anos sessenta nos Estados Unidos e na Europa, nascidos de uma reação contra a uniformidade do consumo, são agora objeto de produção em série. A roupa com desenhos psicodélicos é vendida aos gritos de "Liberte-se!"; a música, os pôsteres, os penteados e as roupas que reproduzem modelos estéticos da alucinação pelas drogas são despejados em escala industrial sobre o Terceiro Mundo. Junto com os símbolos, coloridos e simpáticos, oferece-se passagens ao limbo aos jovens que queiram fugir do inferno. Convida-se as novas gerações a abandonar a história, que dói, para viajar ao Nirvana Ao incorporar-se a esta "cultura da droga", certos setores juvenis latino-americanos realizam a ilusão de reproduzir o modo de vida de seus equivalentes metropolitanos.

Originada no inconformismo de grupos marginais da sociedade industrial alienada, esta falsa contracultura nada tem a ver com nossas necessidades reais de identidade e destino: oferece aventuras para paralíticos; gera resignação, egoísmo, incomunicação; deixa intacta a realidade mas muda a sua imagem; promete amor sem dor e paz sem guerra. Além disso, ao converter as sensações em artigos de consumo, encaixa perfeitamente com a "ideologia de supermercado" que os meios de comunicação divulgam. Se o fetichismo dos automóveis e das geladeiras é suficiente para apagar a angústia e acalmar a ansiedade, é possível comprar paz, intensidade e alegria no supermercado clandestino.

<h2 style="text-align:center">6</h2>

Acender consciências, revelar a realidade: pode a literatura reivindicar melhor função nestes tempos e nestas terras nossas? A cultura do sistema, cultura dos sucedâneos da vida, mascara a realidade e anestesia a consciência. Mas, o que pode um escritor, por mais que brilhe seu foguinho, contra a engrenagem ideológica da mentira e do conformismo?

Se a sociedade tende a organizar-se de tal modo que ninguém se encontre com ninguém, e a reduzir as relações humanas ao jogo sinistro da competição e de consumo — homens solitários usando-se entre si e esmagando-se uns aos outros —, que papel pode cumprir uma literatura do vínculo fraternal e da participação solidária?

Chegamos a um ponto em que citar as coisas por seu próprio nome significa denunciá-las: frente a quem, para quem?

<h2 style="text-align:center">7</h2>

Nosso próprio destino de escritores latino-americanos está ligado à necessidade de transformações sociais profundas. Narrar é se dar: parece óbvio que a literatura, como tentativa de comunicação plena, continuará bloqueada de antemão enquanto existirem a miséria e o analfabetismo e os donos do poder continuarem realizando impunemente seu projeto de imbecilização coletiva através dos meios de comunicação massiva. Não compartilho a atitude dos que reivindicam para os escritores um privilégio de liberdade à margem da liberdade dos demais trabalhadores. Grandes mudanças, profundas mudanças de estrutura seriam necessárias em nossos países para que os escritores possam chegar além das cidadelas fechadas das elites e para que possam expressar-se sem mordaças visíveis ou invisíveis. Dentro de uma sociedade presa, a literatura livre só pode existir como denúncia ou esperança.

No mesmo sentido, creio que seria um sonho de uma noite de verão supor que por vias exclusivamente culturais poderia chegar a se liberar a potência criadora de um povo, desde sempre adormecida pelas duras condições materiais e as exigências da vida. Quantos talentos se extinguem na América Latina antes que possam chegar a manifestar-se? Quantos escritores e artistas não chegam nem sequer a saber que são escritores e artistas?

8

Por outra parte, pode realizar-se totalmente uma cultura nacional em países onde as bases materiais do poder não são nacionais, ou dependem de centros estrangeiros?

Se isso não é possível, qual o sentido de escrever?

Não existe um "grau zero" da cultura, bem como não existe um "grau zero" da história. Se reconhecemos uma inevitável continuidade entre a etapa do domínio e a etapa da liberação em qualquer processo de desenvolvimento social, por que negar a importância da literatura e sua possível função revolucionária na exploração, revelação e difusão de nossa verdadeira identidade ou de seu projeto? O opressor quer que o espelho não devolva ao oprimido nada mais que uma mancha de açoite. Qual o processo de transformações que pode ser impulsionado por um povo que não sabe quem é, nem de onde veio? Se não sabe quem é, como pode saber o que merece ser? Não pode a literatura ajudar, direta ou indiretamente, essa revelação?

Em grande medida, penso, a possibilidade da contribuição depende do grau de intensidade da comunhão do escritor com as raízes, os andares e o destino de seu povo. Também de sua sensibilidade para perceber o latejar, o som e o ritmo da autêntica contracultura em ascensão. Muitas vezes o que se considera "incultura" contém as sementes ou frutos de "outra" cultura, que encara a cultura dominante e não tem seus valores nem sua retórica. Costuma-se desprezá-la, por engano, como uma mera repetição degradada dos produtos "cultos" da elite ou dos modelos culturais que o sistema fabrica em série, mas constantemente é mais reveladora e valiosa uma crônica popular que um romance "profissional", e o pulsar da vida real é sentido com mais força em certas quadras anônimas do cancioneiro nacional que em muitos livros de poesia escritos no código dos iniciados; os testemunhos das pessoas que de mil modos expressam suas mágoas e suas esperanças freqüentemente acabam sendo mais eloqüentes e belos que as obras escritas "em nome do povo".

Nossa autêntica identidade coletiva nasce do passado e se nutre dele — pegadas sobre as quais caminham nossos pés, passos que pressentem nossas andanças de agora — mas não se cristaliza na nostalgia. Não vamos encontrar, com certeza, nosso escondido rosto na perpetuação artificial de roupas, costumes e objetos típicos que os turistas exigem aos povos vencidos. Somos o que fazemos, e sobretudo o que fazemos para mudar o que somos: nossa identidade reside na ação e na luta. Por isso a revelação do que somos implica na denúncia do que nos impede de ser o que podemos ser. Nos definimos a partir do desafio e por oposição ao obstáculo.

Uma literatura nascida do processo de crise e de mudança e metida a fundo no risco e na aventura de seu tempo pode ajudar muito bem a criar os símbolos da realidade nova e talvez ilumine, se o talento não faltar e tampouco a coragem, os sinais do caminho.

Não é inútil cantar a beleza e a dor de ter nascido na América.

Nem sempre as cifras de tiragem ou venda dão a medida da ressonância de um livro. Às vezes a obra escrita irradia uma influência muito maior que sua difusão aparente; às vezes responde com anos de antecipação às perguntas e necessidades coletivas, se o criador soube vivê-las previamente como dúvidas e desgarramentos dentro dele. A obra brota da consciência ferida do escritor e se projeta ao mundo: o ato de criação é um ato de solidariedade que nem sempre cumpre seu destino na vida de quem o realiza.

9

Não compartilho a atitude dos escritores que se atribuem privilégios divinos não outorgados ao comum dos mortais, nem a atitude dos que batem no próprio peito e rasgam as próprias roupas pedindo o perdão público por viver a serviço de uma vocação inútil.

Nem tão deuses, nem tão insetos. A consciência de nossas limitações não é uma consciência de impotência: a literatura, uma forma da ação, não tem poderes sobrenaturais, mas o escritor pode ser um pouquinho mais mago quando consegue que sobrevivam, através de sua obra, pessoas e experiências que valem a pena.

Se o que escreve não é lido impunemente e muda ou alimenta, de alguma forma, a consciência de quem lê, o escritor pode reivindicar sua parte no processo de transformação: sem prepotência nem falsa humildade, e sabendo-se pedacinho de algo muito mais vasto.

Acho coerente que reneguem da palavra os que cultivam o monólogo com suas próprias sombras e labirintos sem fim: mas a palavra tem sentido para os que querem celebrar e compartilhar a certeza de que a condição humana não é uma cloaca. Buscamos interlocutores, não admiradores; oferecemos diálogo, não espetáculo. Escrevemos a partir de uma tentativa de encontro, para que o leitor comungue, com palavras que nos chegam dele e que voltam a ele como ânimo e profecia.

10

Sustentar que a literatura vai mudar, sozinha, a realidade, seria um ato de loucura ou de presunção. Não me parece menos idiota negar que ela pode, em alguma forma, ajudar nessa mudança.

A consciência de nossas limitações é, definitivamente, uma consciência de nossa realidade. No meio da névoa da desesperança e da dúvida, é possível enfrentar as coisas cara a cara e lutar corpo a corpo por elas: a partir de nossas limitações, mas contra elas.

Neste sentido, acaba sendo tão desertora uma literatura "revolucionária" escrita para os convencidos como uma literatura conservadora consagrada ao êxtase na contemplação do próprio umbigo. Há os que cultivam uma literatura "ultra" e de tom apocalíptico, dirigida a um público reduzido e que está antecipadamente de acordo com o que propõem e transmitem: qual é o risco que assumem estes escritores, por mais revolucionários que digam ser, se escrevem para a minoria que pensa e sente como eles e dão a essa minoria o que ela espera receber? Não há, então, possibilidade de fracasso; mas tampouco de êxito. De que serve escrever se não for para desafiar o bloqueio que o sistema impõe à mensagem dissidente?

Nossa eficácia depende da nossa capacidade de sermos audazes e astutos, claros e atrativos. Oxalá possamos criar uma linguagem briguenta e mais bela que a que os escritores conformistas empregam para saudar o crepúsculo.

11

Mas não é somente um problema de linguagem. Também de meios. A cultura da resistência emprega todos os meios ao seu alcance e não se concede o luxo de desperdiçar nem veículos nem oportunidades de expressão. O tempo é breve, ardente é o desafio, enorme a tarefa: para um escritor latino-americano engajado na causa da transformação social, a produção de livros faz parte de uma frente de trabalho múltipla. Não concordamos com a sacralização da literatura como instituição congelada da cultura burguesa. A crônica e a entrevista de tiragens enormes, os roteiros para radio, cinema e televisão e a canção popular nem sempre são gêneros "menores", de categoria subalterna, como acreditam alguns marqueses do discurso literário especializado que olham para eles por cima do ombro. As fissuras abertas pelo jornalismo rebelde latino-americano na engrenagem alienante dos meios massivos de comunicação foram muitas vezes o resultado de trabalhos sacrificados e criadores que nada têm a invejar, por seu nível estético e sua eficácia, aos bons romances e contos de ficção.

12

Creio em meu ofício; creio em meu instrumento. Nunca pude entender por que escrevem os escritores que enquanto isso declaram, altaneiros, que escrever não tem sentido num mundo onde tanta gente morre de fome. Tampouco pude jamais entender os que transformam a palavra em alvo de fúrias ou em objeto de fetichismo. A palavra é uma arma, e pode ser usada para o bem e para o mal: a culpa do crime nunca é do punhal.

Creio que uma função primordial da literatura latino-americana atual consiste em resgatar a palavra, usada e abusada com impunidade e frequência para impedir ou trair a comunicação.

"Liberdade" é, no meu país, o nome de um cárcere para presos políticos e "democracia" se chamam vários regimes de terror; a palavra "amor" define a relação do homem com seu automóvel e por "revolução" entende-se o que um novo detergente pode fazer na sua cozinha; a "glória" é algo produzido por um sabonete suave de determinada marca e "felicidade" é uma sensação que se consegue ao comer salsichas. "País em paz" significa, em muitos lugares da América Latina, "cemitério em ordem", e onde se lê "homem sadio" deveríamos ler às vezes "homem impotente".

Escrevendo é possível oferecer, apesar da perseguição e da censura, o testemunho de nosso tempo e da nossa gente — para agora e para depois. Pode-se escrever como dizendo, de certo modo: "Estamos aqui, aqui estivemos; somos assim, assim fomos". Lentamente vai ganhando força e forma, na América Latina, uma literatura que não ajuda os demais a dormir, mas que lhes tira sono: que não se propõe a enterrar os nossos mortos, mas a perpetuá-los; que se nega a varrer as cinzas e procura, em lugar disso, acender o fogo. Essa literatura continua e enriquece uma formidável tradição de palavras lutadoras. Se é melhor, como acreditamos, a esperança que a nostalgia, talvez essa literatura nascente possa chegar a merecer a beleza das forças sociais que tarde ou cedo, por bem ou por mal, mudarão radicalmente o curso da nossa história. E talvez ajude a guardar para os jovens que virão, como queria o poeta, "o verdadeiro nome de cada coisa".

CARTA DE BARCELONA VI
MORTE DO MEDITERRÂNEO

Era uma vez um Mar Mediterrâneo… Segundo Claude-Marie Vadrot, que nestes dias publica em Paris um livro sobre o tema "Morte do Mediterrâneo". A história do mar Mediterrâneo só se pode escrever no tempo passado. Adorado como um deus, cantado pelos poetas, amado e temido pelos navegantes, o Mediterrâneo tem sido ferido de morte pelo capitalismo industrial. O Mare Nostrum do Império Romano sofre hoje as investidas dos inimigos que nada têm a ver com as hordas bárbaras da antiguidade, mas que são, estes sim, selvagens de verdade. As empresas turísticas, as grandes fábricas e as refinarias de petróleo substituíram as sereias sedutoras no mar da Odisseia. O Mediterrâneo tinha dimensões imensas, antes de chamar-se assim, para os navegantes gregos, mas hoje sabemos que não mede mais do que um lenço. Trinta e cinco vezes menor que o Oceano Atlântico, é trinta e cinco vezes mais vulnerável à poluição. Mas fechado, pequeno e tranquilo, está indefeso ante uma civilização que, ao contrário de Midas, converte em merda tudo o que toca.

MINAMATA É O NOME DE UMA BAÍA
E DE UMA ENFERMIDADE

Na costa mediterrânea existem quatro grandes estaleiros, treze centros químicos e petroquímicos, dez usinas siderúrgicas, seis grandes fábricas de alumínio e milhares de fábricas médias e pequenas.

Em quinze anos, se supõe, haverá o dobro. A cada dia uma fantástica quantidade de resíduos industriais não purificados é despejada diretamente ao mar e o envenena.

Segundo Vadrot, entre Catalunha e o golfo de Gênova, apenas a quinta parte das fábricas depura seus detritos. A proporção é ainda menor entre as sessenta mil empresas do mar Tirreno. E o pobre Adriático, atacado pela Itália e Iugoslávia, se converteu num vertedouro de fábricas, esgotos, barcos e refinarias.

Cedendo ante a chantagem do desemprego, a Grécia tem aceitado fábricas que despejam no golfo da Salônica, a cada dia, 300 quilos de chumbo e oito quilos de cobre. Em 1957, a Câmara de Comércio de Marselha comprou dos pescadores de Berre a promessa de que abandonariam seu ofício em dez anos: assim, dinheiro na mão, os empresários marselheses ganharam o direito de poluir a seu modo essa parte do Mediterrâneo, com a complacência das autoridades.

Pagamos — dizem os empresários –, e por isso podemos arruinar o mar impunemente. Em toda parte, sempre a mesma extorsão frente aos governos e os sindicatos: "Poluição ou desemprego. Se nos é negada a liberdade de jogar ao mar os detritos, fechamos as fábricas". Duzentos produtos químicos diferentes assaltam o Mediterrâneo em todas as suas costas, em um coquetel mortal, justificado em nome do cálculo de custos e rentabilidade das empresas.

Nos últimos tempos, os ecologistas e os pescadores corsos se mobilizaram contra a empresa Montedison, que joga ao mar, a cada dia, duas mil toneladas de resíduos carregados de ácido sulfúrico, sulfatos ferrosos, titânio, magnésio, cromo... Os responsáveis pela Montedison foram condenados à pena de prisão. A pena foi suspensa quando prometeram arranjar as coisas imediatamente. E depois uma lei italiana os autorizou a continuar a poluição pelo menos até 1981.

Minamata é o nome de uma baía japonesa. É também, agora, o nome da doença que o mercúrio provoca no organismo humano. Quem não lembra do escândalo? Uma fábrica jogava na baía, há anos, detritos que continham certos derivados de mercúrio. No fim de uma década, começaram as coisas raras. Os gatos, enlouquecidos, se jogavam ao mar. "Se suicidam", pensaram os pescadores. E se descobriu a contaminação: dezenas de mortos, milhares de homens marcados para toda a vida. Crianças condenadas a nascer anormais... As análises mais recentes provam que pelo menos dezessete espécies de peixes do Mediterrâneo possuem de três a cinco vezes a dose de mercúrio admitida pela Organização Mundial de Saúde. O atum do Mediterrâneo contém três vezes mais mercúrio que o do Atlântico; a pescadinha, oito vezes mais. Na região toscana há cinco miligramas de mercúrio por cada quilo de caranguejo, e encontraram nada menos de seiscentas miligramas de mercúrio por quilo em algumas plantas aquáticas que apareceram, em princípios de 1976, nas praias corsas.

O mercúrio age sem cuidado, mas implacavelmente: ao largo dos anos vai destruindo certas células nervosas. O cádmio se acumula no fígado, nos rins e no baço e provoca transtornos cardiovasculares. Ainda se ignora, por outro lado, os efeitos que, sobre o organismo humano, podem ter o cobre, o magnésio e outros produtos que o mar está acumulando e que devolve ao homem, como que vingando-se, através dos peixes e mariscos.

O MAIS BELO FANTASMA DO MUNDO

Ao fim de mil anos de esplendor, Veneza cai arrastada pela crise do Mediterrâneo. A fumaça das fábricas, aliada à umidade e ao sal, ataca as estátuas e as igrejas, os palácios e os afrescos que pareciam pintados para sempre. A UNESCO informa que a cada ano uma boa parte das esculturas venezianas se desvanece, reduzidas a pó. Oitenta instalações industriais jogam seus resíduos na laguna de Veneza sem a menor depuração. Os peixes, os moluscos e os crustáceos fugiram da laguna, que já não tem oxigênio nem plâncton para comer. Nos canais, as algas verdes, teimosas, sobrevivem grudadas nos molhes.

As pedras da Acrópole sofrem, por sua parte, o ataque conjunto da neblina industrial carregada de anidrido sulfúrico e dos ventos que as golpeiam com partículas de hidrocarburetos arrancadas do mar. Para salvar as grandes criações gregas, será preciso isolá-las.

Há sessenta anos, Pierre Loti suspirava, afrescalhadamente, das alturas do Bósforo, enquanto contemplava o Chifre de Ouro de Istambul. Hoje o tal Chifre de Ouro não é mais que um grande charco de petróleo e lixo.

O Mediterrâneo não têm, ao contrário do Oceano Atlântico, grandes massas de água para absorver os fluxos industriais. E os despejos de mercúrio, chumbo, cianureto e material petroquímico não só provêm das fábricas costeiras, como também dos rios que drenam, para o mar, a poluição de milhares de instalações industriais: o Ródano, o Pó, o Arno, o Tíber, o Ebro... e muitos rios e riachos mais.

Mar profundo e azul... Quanto mais azul é a água. menos vida contém. Quanto mais verde, mais rica se supõe em plâncton e peixes.

AS ANÁLISES NÃO SIGNIFICAM NADA

No Mediterrâneo se despejam os esgotos de dezoito países, cento e trinta cidades, cento e vinte milhões de pessoas multiplicadas, no verão, pelo turismo.

A indústria turística, arrasadora, tem devorado os bosques e as pastagens da costa e invadiu os espaços agrícolas para cobri-los de horrorosos edifícios e de grandes hotéis que permanecem desertos dez meses por ano.

O turismo, consumidor do Mediterrâneo, agrava sobremaneira o problema da evacuação das águas servidas. Lord Richie-Calder, especialista das Nações Unidas, definiu o Mediterrâneo como uma "bomba epidêmica de tempo". Além dos despejos industriais e o petróleo dos barcos e refinarias, o mar recebe um aluvião de micróbios, parasitas, bactérias e vírus que vem dos esgotos. No verão de 1973, epidemia de cólera em Nápoles: trinta mortos por comer mexilhões da baía.

Os cientistas consideram muito poluída a água que tem vinte mil colibacilos por litro. "Passada essa marca — afirma Claude Marie Vadrot — os banhistas e os peixes correm perigo". Quase todo o Mediterrâneo excede essa proporção, até chegar ao inverossímil índice de quatro milhões de colibacilos por litro — recorde mundial depois de Calcutá — que se encontra na desembocadura do principal sistema coletor de Marselha.

Desde Gibraltar ao Ebro, incluindo as Baleares, noventa por cento das cidades de povoados carece de instalações depuradoras. Da Catalunha ao golfo de Gênova, 85 por cento das águas usadas são despejadas na costa sem nenhum tratamento. Na costa italiana, apenas sete por cento dos centros urbanos importantes contam com equipamentos depuradores — e a metade funciona mal. A costa iugoslava só tem uma instalação, a de Rejeka; na Grécia, se depura três por cento do canal dos esgotos. Nos demais países, a situação é pior. Em suma, se conta, em alguns lugares, com interceptores que despejam os desperdícios a algumas centenas de metros da costa, os quais, segundo os informes das Nações Unidas, "não têm mais que um interesse estético e carecem de valor do ponto de vista da higiene".

A União Francesa de Consumidores publicou, em 1970, alguns dados sobre o mal estado das praias. Os dados provinham de uma pesquisa do Ministério da Saúde; mas o Ministério rapidamente esclareceu que haviam sido mal interpretados. Existe um pacto de silêncio, tudo vai bem, posto em prática para proteger a sagrada indústria turística. O prefeito de Palavas-les-Flots declara: "As análises não significam nada. Se trata de uma campanha política...". E outro prefeito da Costa Azul pergunta a um jornalista: "Para que quer que se faça análises se nada acontece?".

No entanto, segundo a Organização Mundial de Saúde, "não é exagero dizer que o Mediterrâneo, mar praticamente fechado, realiza as condições ótimas e máximas de contato entre os homens e os agentes patogênicos responsáveis por doenças epidêmicas e contagiosas". Na Itália, por exemplo, os mariscos são culpados pela quarta parte dos casos de tifo. Não é estranho à poluição das águas o fato de que o tifo praticamente não exista nos países escandinavos e, em troca, castigue ainda com certa intensidade aos países mediterrâneos: a Espanha tem um índice de 53 casos para cada cem mil habitantes: a Itália, 48 casos; a Grécia, 44.

O PROGRESSO DE PAPEL

O Mediterrâneo é pequeno e tranquilo, a maré sobe pouco. Não é capaz, portanto, de limpar-se por sua conta. As manchas de petróleo que os navios deixam em sua passagem não se dissolvem em águas que apenas abarcam oitocentos quilômetros em sua parte mais larga.

A cada ano, os barcos despejam no Mediterrâneo nada menos que 350 mil toneladas de petróleo. A esta cifra enorme e normal juntam-se trinta mil toneladas que deixam as refinarias instaladas nas costas. Uma só tonelada de petróleo bruto pode recobrir mil e duzentos hectares de mar e sujar um quilômetro de praias. Um litro de petróleo bruto consome o oxigênio de quatrocentos mil litros de água do mar. O petróleo funciona como um herbicida que arrasa o plâncton e as algas: mas o mais grave é que, através dos peixes, pode transmitir substâncias tóxicas ao homem. O petróleo que as refinarias descarregam no mar contêm, por exemplo, uma boa quantidade de benzopireno, que é o principal agente cancerígeno do cigarro. Pode-se ingerir benzopireno através da sardinha do Mediterrâneo, sem notar nada de diferente no sabor.

Os maiores portos petroleiros estão na parte ocidental do Mediterrâneo. Apenas cinco dos quatorze grandes portos estão equipados com um mecanismo que lhes permite receber os resíduos para evitar que os barcos façam sua toilette em pleno mar. Impunemente o petróleo vai aniquilando o zooplâncton e o fitoplâncton, essenciais à vida marinha.

Desde 1965, diminui a pesca no Mediterrâneo. Os pescadores deram o alarme, que continua soando como sino de madeira. Eles dizem, com resignado humor: "O futuro da pesca do Mediterrâneo está... no Atlântico".

Sucedem-se as conferências internacionais, os tratados, as convenções. Depois os governos se esquecem de ratificar os acordos. E ninguém os aplica.

CARTA DE BARCELONA VII
O MERCADO DA MORTE

O governo uruguaio anuncia que vai construir um novo complexo penitenciário na região de Santiago-Vasquez. A chefia da polícia de Canelones recebe fundos para a construção de uma nova prisão em seu departamento. No Uruguai, é inaugurada uma prisão por mês. É o que os economistas chamam de "plano de desenvolvimento".

Transformam em prisões as casernas, as delegacias de polícia, os navios abandonados, os velhos vagões dos trens e até a casa de cada cidadão. Existem mais prisioneiros políticos do que prisioneiros de direito comum. O Uruguai possui a maior proporção de prisioneiros políticos do mundo, sem contar os prisioneiros de fora, os que estão do outro lado das grades. Um quarto da população, um milhão de pessoas, vive no exílio; quase todas as que ficaram estão banidas no interior de suas fronteiras.

A 27 de junho de 1973, o país despertou com um golpe de Estado. O Parlamento, os partidos políticos, os sindicatos foram liquidados, assim como todo o resto. Três meses mais tarde, foram realizadas eleições na Universidade. Os candidatos da ditadura obtiveram 2,5% dos votos. Em consequência, a ditadura prendeu praticamente todo mundo e deixou na Universidade os candidatos que tinham conseguido 2,5% dos votos.

Este golpe de estado apenas confirmou uma situação de fato. Na realidade, o Parlamento não existia mais: ele tinha se tornado aquilo que os médicos chamam de "um membro fantasma", aquele que é "sentido" ainda após a amputação. Já em 1973, o Uruguai produzia mais violência do que carne ou lã; ele prendia, torturava, matava ou exilava os jovens. Os navios levantavam âncora cheios de jovens que fugiam da prisão, da fossa comum ou da fome. Já fazia muito tempo que o país vendia carne humana no estrangeiro; e o sistema tinha se mostrado impotente de engendrar outra coisa além de prisioneiros ou de cadáveres, espiões ou policiais, mendigos ou exilados. O poder tinha se militarizado. No início, para combater os guerrilheiros, Depois, combater os estudantes, os militantes operários, os políticos de esquerda, os jornalistas da oposição. Depois para combater não importa quem.

A partir de junho, as coisas se tornaram mais claras. Como outros pontos do cone sul da América Latina, tomaram o poder aqueles que assassinavam pessoas e o país. Único índice em aumento constante, as verbas destinadas à repressão atingiram 52% do orçamento nacional. Todo o resto decresce desde 1960: o produto interno bruto per capita, a taxa de escolaridade primária, o número de médicos por mil habitantes, o consumo diário de proteínas, os investimentos produtivos, etc.

Segundo as cifras oficiais, 12% da população ativa do Uruguai está desempregada. E é preciso levar em conta a enorme massa de jovens trabalhadores que deixou o país e o curioso método de direção das estatísticas, que considera empregada toda a pessoa que trabalha mais de quatro horas por dia.

Ser jovem é um delito; pensar é um pecado; comer é um milagre.

A ditadura uruguaia odeia os jovens. Para o sistema, a emigração das massas é um alívio; ela rechacha as tensões internas. O país perde assim as melhores reservas humanas. As 500 famílias donas da terra e de todo o resto estão sã e salvas.

Os que não vão embora por razões políticas, partem porque a fome os persegue. O Uruguai tem os índices de crescimento demográfico mais baixos da América Latina. Nascem poucos uruguaios e dos poucos que nascem, muitos emigram. Para aqueles que acreditam que os problemas da América Latina provêm de um excesso de crianças, o Uruguai é uma excelente prova em contrário: neste país vazio, com vastas pradarias férteis e bem irrigadas, há lugar para muita gente. Acusação contra a impotência de um sistema produtivo. Não somente se recusa um emprego às novas gerações que chegam ao mercado de trabalho, mas se tira o emprego dos que estavam trabalhando.

A marginalização das pessoas têm duas razões: "se nasce" marginal e "se torna" marginal. Existem uruguaios até no Havaí. A ordem reina: o poder guarda as prisões e os velhos cemitérios. A sorte do país está entregue à frequência das chuvas e aos amores dos touros na primavera.

Os habitantes da pradaria vão para Montevidéu bater inutilmente nas portas das fábricas cobertas de teias de aranhas. O recenseamento de 1951 constatou 350 mil trabalhadores rurais no Uruguai. Quinze anos mais tarde, ele não indica mais de 90 mil... A natureza foi generosa e os homens criminosos. O latifúndio arrasou as planícies férteis e bem irrigadas.

Como explicar que um país grande — como os dois terços da França — não possa atender às necessidades de menos de três milhões de pessoas que sobrevivem em seu solo? A grande "estância" é anti-econômica para o país mas muito lucrativa para seus proprietários.

A riqueza de uns condena os outros.

Queimado pelos ácidos de um sistema gasto e sem futuro, o Uruguai se desintegra. O último projeto oficial de reforma agrária data de 1965. Ele pesava seis quilos e meio. É tudo o que se soube dele.

A indústria, paralisada pelo fraco desenvolvimento do mercado interno, frustra as esperanças de trabalho dos "refugiados", que os donos de terra expulsam continuamente. O país, que depende da carne e da lã, possuía uma excelente equipe de agrônomos que estudava, na Universidade, uma nova tecnologia aplicada às necessidades nacionais... Eles foram denunciados e perseguidos. Agora, eles estão dispersos nos quatro cantos do mundo.

A denúncia dos crimes de uma ditadura não se limita à lista das pessoas assassinadas e desaparecidas. Não é um crime — um crime programado, planificado, repetido — aniquilar em um homem sua capacidade de crer e criar? No Uruguai, a solidariedade é um crime. Homens estão nas prisões por terem organizado coleta em proveito das famílias de outros prisioneiros. O regime instiga ao egoísmo e à desconfiança. Sem uma gota de sangue, sem mesmo uma lágrima, é cumprido o massacre cotidiano daquilo que cada um carrega em si de melhor. Vitória da máquina: as pessoas têm medo de falar e de olhar. Que ninguém encontre ninguém. Um uruguaio em trinta tem a função de vigiar, de perseguir e de punir os outros. Para manter seu emprego é indispensável possuir estudantes que denunciem seus companheiros; se exorta a infância a delatar seus professores. As citações de José Artigas, herói nacional, sobre a reforma agrária ou a liberdade são proibidas nas escolas (Artigas foi o autor da primeira reforma agrária na América, um século antes de Zapata no México). Há pouco tempo uma criança pediu à sua mãe que a levasse ao hospital porque ela queria "desnascer". Um gerente disse a um empregado, que era seu amigo: "Devo te denunciar. Eles pediram listas. É preciso que eu entregue um nome. Me perdoe, se puder".

A ditadura é o hábito da infâmia. Ela condiciona os homens para que aceitem o horror como se aceita o frio no inverno.

No Uruguai, existem aduanas para as palavras, cemitérios de palavras, crematórios de palavras. Queimaram-se livros, purificação pelo fogo, nos pátios das casernas, nas prisões, nos centros de ensino. Algumas vezes, o sentido capitalista dos negócios é mais poderoso do que os rituais da inquisição: vinte toneladas de livros de casa de edições Pueblos Unidos foram transportadas em caminhões, em cinco vezes, até a empresa de papéis IPUDA, de capitais americanos, e voltaram ao mercado na forma de folhas ou de guardanapos.

Os prisioneiros não têm o direito de ler a Bíblia nem de estudar matérias subversivas (filosofia, história, literatura, ciências sociais, ciências políticas). Foram retirados das livrarias "Vento Vermelho", de Raymond Chandler, e "O Vermelho e o Negro" de Stendhal. No curso das perseguições, livros sobre "cubismo" foram confiscados; motivo: propaganda castrista. Um professor pode ser destituído por ter lido ou dito uma frase duvidosa; todo professor preso, seja por uma hora ou por um erro, perde seu emprego. Os cidadãos que cantam com um pouco mais de ênfase no curso de uma cerimônia pública a estrofe do hino nacional que diz: "Tiranos, tremei" são passíveis de condenação por "prejudicar a moral das forças armadas", de 18 meses a seis anos de prisão. Por ter publicado uma novela ou escrito em um muro «Viva a liberdade», ou por ter distribuído um panfleto na rua, um homem passará, se ele sobreviver à tortura, a maior parte de sua vida na prisão. Se ele não sobreviver, o certificado de morte mencionará uma queda no vazio no curso de uma tentativa de fuga, ou um suicídio por enforcamento ou uma mortal crise de asma. Não haverá autópsia.

Mais de cinco mil torturados. Nestes últimos anos, quarenta mil passaram pelas prisões. Tortura-se para obter informações. Em seguida, para se vingar de cada ação da resistência, e também para punir, quando de um aniversário qualquer. Se tortura para destruir a moral dos que lutam e levantar a dos centuriões.

É o que denuncia o senador Zalmar Michelini, diante do Tribunal Russel, em Roma, na primavera de 1974. Michelini declarou que seria um erro considerar a tortura como um caso clínico ou uma aberração moral, se bem que ela também seja isto. "A tortura

— disse Michelini — é uma atividade planificadora... a espinha de um plano de abandono da nação". Profeta de sua própria tragédia, Michelini testemunhava "enquanto representante daqueles que não podem vir porque desapareceram da superfície da terra, assassinados pelo regime". No fim do mesmo ano, cinco jovens uruguaios, feitos prisioneiros na Argentina, foram encontrados crivados de balas, a 60 quilômetros de Montevidéu. O "Mercado Comum da Morte" estava em marcha. Depois veio a hora de Michelini: três balas nas costas. Quantos exilados uruguaios, chilenos, bolivianos sofreram a mesma sorte em Buenos Aires? O general Pratt, o general Torres, Hector Gutierrez Ruiz... A polícia uruguaia não se esconde. O embaixador uruguaio, diante da comissão dos direitos do homem, declarou em Genebra: "Quanto às ligações entre a Argentina e o Uruguai, naturalmente que elas existem: a história e a cultura nos unem".

O senador norte-americano Frank Church definiu o Uruguai como "a maior câmara de tortura da América Latina" e declarou que "mesmo o Chile foi ultrapassado pela ferocidade da repressão no Uruguai".

O presidente Carter recusou o visto de entrada, nos Estados Unidos, do novo encarregado militar da Embaixada Uruguaia, que ia representar o país diante do Conselho Interamericano de Defesa. "A porta lhe estava fechada por ter participado de torturas". Pouco depois o governo uruguaio proibia a difusão do discurso do representante norte-americano na OEA, pronunciado quando da reunião deste organismo em Montevidéu. Segundo o governo uruguaio, o delegado dos EUA, Robert White, teria lançado "um ataque direto contra o país". O que disse Mister White? Palavras agressivas, palavras subversivas: "A cultura não pode enriquecer a vida de nossos cidadãos se o Estado não protege certos direitos: o direito de reunião, a liberdade de expressão, a proteção contra as prisões arbitrárias e as sanções".

Os militares no poder no Uruguai e que são hoje escândalo para os Estados Unidos foram bons alunos nos cursos do Pentágono na zona do canal do Panamá. Aí eles aprenderam as técnicas de repressão e a arte de governar; com armas e conselheiros norte-americanos foi posta em marcha a engrenagem do crime e da tortura. A ditadura destruiu os Sindicatos e os partidos políticos, fechou os jornais e as revistas, proibiu os livros e as canções em nome de uma "ideologia da segurança nacional". Liberdade para os negócios, liberdade para os preços, liberdade para as trocas; jogam-se as pessoas nas prisões para que os negócios continuem livres.

Enfim, assim que o governo dos Estados Unidos suprimiu a ajuda militar e econômica à ditadura uruguaia, ele precisou que o Uruguai contribuiria para manter os créditos do Banco Mundial e do Banco Interamericano de Desenvolvimento. No dia em que Carter divulgou sua sanção, o Banco Mundial, que os Estados Unidos controlam, anunciava um novo crédito de trinta milhões de dólares para o Uruguai, que vinha se acrescentar aos 55 milhões de dólares já concedidos em 1976. O Uruguai é, depois do Chile, o país latino-americano que recebeu mais créditos do Fundo Monetário Internacional. O FMI é o principal credor do país. E o credor manda. E o FMI, que não foi eleito por ninguém, determina a política econômica que o Uruguai aplica. Para restringir o consumo popular, abater o custo de mão-de-obra e estimular as exportações, é preciso liquidar o movimento operário. Esta política econômica implica no crime e na miséria — o que os técnicos chamam de "um custo social elevado". O salário de um dia de trabalho permite hoje a um operário comprar duas vezes menos de pão e de leite e apenas a metade da carne que comprava em 1968. O ministro da economia, que aplica estritamente o tratamento do FMI, estava horrorizado com a tortura, o que não o impede de servir à ditadura militar e mesmo de declarar: "A desigualdade na distribuição da renda é o que permite poupar".

A máquina tem suas leis. As liberdades públicas são, em um país como o Uruguai, incompatíveis com os interesses dominantes, sejam internos ou externos. As boas intenções do presidente Carter não absolvem o sistema que ele dirige; fazem de você um paralítico e depois lhe oferecem uma cadeira de rodas.

CARTA DE BARCELONA VIII
A VIOLÊNCIA INVISÍVEL

No Uruguai, os inquisidores se modernizaram. Curiosa mistura de Idade Média e sentido capitalista de negócio. Os militares já não queimam os livros: agora os vendem às empresas papeleiras. As papeleiras os picam, os convertem em polpa de papel, os devolvem ao mercado de consumo. Não é verdade que Marx, Freud ou Piaget não estejam ao alcance do público. Não estão em forma de livros. Estão em forma de guardanapos.

*

A Argentina se converteu em um matadouro. Técnica das desaparições: não há presos para reclamar nem mártires para velar. A pena de morte se incorporou ao Código Penal em meados de 1976; mas no país se mata todos os dias sem processo nem sentença. Na sua maioria, são mortos sem cadáveres. As ditaduras do Chile e Uruguai não demoraram a imitar o êxito do procedimento. Um só fuzilado pode desencadear um escândalo mundial; para milhares de desaparecidos sempre fica o benefício da dúvida. Parentes e amigos realizam uma perigosa peregrinação inútil, de prisão em prisão, de quartel em quartel, enquanto os corpos apodrecem nos morros e nos depósitos de lixo. A terra traga os homens e o governo lava as mãos: não há crimes a denunciar nem explicações para dar. Cada morto morre várias vezes e no final só se fica, na alma, uma névoa de terror e incerteza.

*

Quem está contra ela, ensina a máquina, é inimigo do país. Quem denuncia a injustiça, comete delito de lesa-pátria.

Eu sou o país, diz a máquina. Este campo de concentração é o país: esta podridão, este imenso terreno vazio de homens.

Quem acredita que a pátria é uma casa de todos, será filho de ninguém.

*

A única coisa livre são os preços. Em nossas terras, Adam Smith necessita de Mussolini. Liberdade de investimentos, liberdade de preços, liberdade de câmbio: quanto mais livres andam os negócios, mais presas estão as pessoas. A prosperidade de preços maldiz todos os demais. Quem conhece uma riqueza que seja inocente? Em tempos de crise, não se tornam conservadores os liberais, e fascistas os conservadores? A serviço de quem cumprem sua tarefa os assassinos de pessoas e países?

Um ministro da Economia declarava no Uruguai: "A desigualdade na distribuição de renda é que gera a poupança". Ao mesmo tempo, confessava que se horrorizava com as torturas. Como salvar essa desigualdade senão a golpes de maricota? A direita ama as ideias gerais. Ao generalizar, absolve.

*

O torturador é um funcionário. O ditador é um funcionário. Burocratas armados, que perdem seus empregos se não cumprem com eficiência a tarefa. Não são monstros extraordinários. Não vamos presentear-lhes essa grandeza.

*

A máquina acusa os jovens: prende, tortura, mata. Eles são a prova viva de sua impotência. Manda-os embora: vende-os, carne humana, braços baratos, ao estrangeiro.

*

A máquina estéril odeia tudo o que cresce e se move. Só é capaz de multiplicar os cárceres, alcaguetes e policiais, mendigos e desterrados.

*

Ser jovem é um delito. A realidade comete este delito todos os dias, ao amanhecer; e também a história, que cada manhã nasce de novo.

Por isso a realidade e a história estão proibidas.

*

De cada cem crianças que nascem vivas no Chile, morrem oito. Acidente ou assassinato? Os criminosos têm as chaves dos cárceres.

A comida é mais cara no Chile que nos Estados Unidos. O salário mínimo, dez vezes mais baixo. Os motoristas de táxi de Santiago já não compram dólares dos turistas: agora oferecem garotas que farão amor a troco de um jantar.

O consumo de sapatos reduziu-se em cinco vezes no Uruguai, nos últimos vinte anos. Nos últimos sete, o consumo de leite em Montevidéu caiu à metade.

Os presos da necessidade, quantos são? É livre um homem condenado a viver perseguindo trabalho e comida? Quantos têm o destino marcado pela frente desde o dia em que surgem no mundo e choram pela primeira vez? A quantos se nega o sol e o sal?

*

Não se esgota na lista de torturados, assassinados e desaparecidos a denúncia dos crimes de uma ditadura. A máquina treina para o egoísmo e a mentira. A solidariedade é um delito. Vitória da máquina: as pessoas têm medo de falar e de se olhar. Que ninguém se encontre com ninguém. Quando alguém te olha e mantém o olhar, pensa-se: "Vai me encrencar". O gerente disse ao empregado, que era seu amigo: "Tive que te denunciar. Pediram as listas. Tinha que dar algum nome. Perdoa-me, se puder".

Por que não figura na crônica vermelha o assassinato da alma por envenenamento?

*

Persigo a voz inimiga que me ditou a ordem de estar triste.

Às vezes, dá para sentir que a alegria é um delito de alta traição, e que sou culpado do privilégio de continuar vivo e livre.

Então me faz bem recordar o que disse o cacique Hullica frente às ruínas: "Aqui chegaram. Destruíram até as pedras. Queriam fazer-nos desaparecer. Mas não conseguiram, porque estamos vivos e isso é o principal".

E penso que Hullica tinha razão. Estarmos vivos: uma pequena vitória. Estarmos vivos, ou seja: capazes de alegrias, apesar dos adeuses e os crimes, para que o desterro seja o testemunho de outro país possível.

A pátria, tarefa por fazer, não vamos levantá-la com tijolos de merda. Serviríamos para algo, na hora do regresso, se voltássemos quebrados?

Requer mais coragem a alegria que a pena. A pena, no final das contas, estamos acostumados.

Plano de extermínio: arrasar a erva, arrancar pela raíz até a última plantinha ainda viva, regar a terra com sal. Depois, matar a memória da erva. Para colonizar as consciências, suprimi-las, esvaziá-las de passado. Aniquilar todo testemunho de que na comarca houve algo mais que silêncio, cárceres e tumbas.

Está proibido recordar.

Existem aduanas de palavras, incineradores de palavras, cemitérios de palavras.

Formam-se turmas de presos. Pelas noites, os obrigam a cobrir com tinta branca as frases de protesto que em outros tempos cobriam os muros da cidade.

A chuva, de tanto golpear os muros, vai dissolvendo a pintura branca. E reaparecem, pouco a pouco, as teimosas palavras.

1. PAPILIO EURYBORUS, Luc. 2. PAPILIO EUPATORION, E. et 3. PAPILIO ZEUXIS, Lucas.

1

2/3

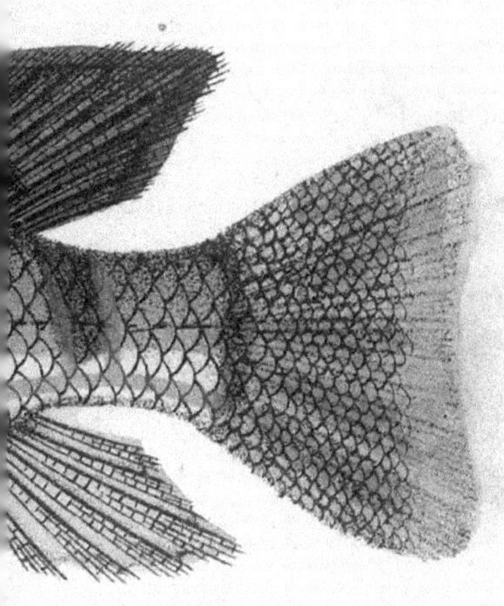

NOSSA AMÉRICA
ENTREVISTA PARA O
MEMORIAL DA AMÉRICA LATINA
POR ERIC NEPOMUCENO, 1990

Desde **Dias e Noites de Amor e de Guerra***, seu livro de depoimentos lançado em 1978, toda sua obra vem sendo escrita num mesmo formato: os pequenos textos, como crônica breves, pinceladas fugazes. A que se deve esta opção, esta mudança na estrutura formal?*

Acho que é uma tentativa de recuperar a unidade perdida. É como se eu recolhesse os pedacinhos para juntá-los e fazer alguma coisa com eles. Creio que a cultura dominante nos quebra em pedacinhos o tempo todo, e quebra também nossa memória e nossa visão da realidade. Então, escrever da forma que faço implica a recuperação da unidade desses fragmentos, que vão se integrar dentro do leitor. O autor entrega ao leitor os fragmentos, e gostaria de estimular nele sua capacidade criadora. Como quem diz ao leitor: aqui estão os tijolos para que você construa a sua casa do jeito que quiser.

Ou seja, você fragmenta o texto de propósito, e oferece essa fragmentação como forma de integração.

Mais que fragmentar o texto, na verdade o que me proponho é recolher os pedacinhos de uma imagem da realidade que já vem quebrada.

E quem quebrou essa imagem da realidade?

Um sistema que quebra tudo o que toca. O sistema que separa a alma do corpo, o passado do presente, o discurso público do privado, a emoção da razão. Enfim, que separa as pessoas entre si, divorcia o tempo presente do tempo passado e cada pessoa de todas as demais. Dentro de cada um de nós, habitantes do nosso tempo, é muito difícil reconstruir a unidade do olhar. Tudo tende a romper essa unidade. Basta você ler o jornal, por exemplo, para notar que a informação que está sendo oferecida se refere a coisas desconectadas entre si. É como se não houvesse uma relação entre as coisas que ocorrem nos diferentes países do mundo, ou mesmo entre setores sociais de um país. Acontece a mesma coisa quando nos ensinam história.

Como assim?

Ora, o que nos ensinam é a história do desvínculo, ou seja, uma história que aconteceu na Europa ou na América ou até mesmo dentro de nossos país, mas em nenhuma conexão com aquilo que estava ocorrendo ao mesmo tempo no resto do mundo. Ou com o que havia ocorrido antes com o que ocorreria depois. Existe uma desconexão no espaço e no tempo, no ensino da história, na transmissão da memória. E não se trata de uma desconexão casual: ela corresponde à necessidade de desconexão de um sistema cultural do desvínculo.

E como você luta contra isso?

Recolho, ou tento recolher, os pedacinhos dessa memória quebrada, dessa identidade esquartejada, e recuperá-los com a ideia de integrá-los numa estrutura de conjunto que esteja viva. E que, para estar viva, tem de ser mutante. O autor propõe, sugere. O leitor cria, à sua maneira. Porque se fosse de outro modo, eu estaria incorrendo no pecado da soberba. Estaria me sentindo Deus na hora de reconstruir a unidade de um universo incompreensível.

Você não acha que através da ficção é possível alcançar esse vínculo que você procura?

Claro que sim, e muitas vezes. Admiro quem consegue isso. Só que meu modo de trabalhar nesses livros, nesse ciclo que começa com *Dias e Noites*, se estende depois da trilogia *Memórias do Fogo* e chega a *O Livro dos Abraços*, é uma tentativa de recriação dessa unidade, desse universo coerente, de uma realidade aparentemente impossível de ser conectada, como se estivesse condenada. Busco fazer isso de tal forma que possa ser uma reconstrução criadora para cada leitor. Não quero, é claro, dizer que seja o único caminho. Mas é o que gosto de percorrer, ou que gostei de percorrer até aqui. Um caminho no qual compartilho com o leitor a angustia da fratura, a necessidade de integração do que está desintegrado. E, junto com ele, colaboro na criação de uma casa diferente para cada leitor. Eu ofereço o material, o leitor constrói. Mas é claro, repito, que não é esse o único caminho. Há universos de ficção fechados em si, que propõem um recriação mais unidimensional.

Você poderia dar um exemplo?

Não, porque na literatura são inumeráveis as quantidades de caminhos, de modos de expressão. Se eu der um exemplo, seria reduzir isso a um só autor. Quero simplesmente dizer com isso que esta é a minha maneira de fazer, mas que com certeza existem outras.

Você poderia, então, dar um exemplo de quem trabalha como você, procurando a unidade através de fragmentos?

Cortazar, acho. De certo modo, ele foi um precursor importante neste tipo de tarefa. Ou, antes dele, a célebre trilogia de John dos Passos, uma contribuição de altíssimo talento. Há outros, com certeza. Mas eu também não sei se vou continuar trabalhando desta forma. Até agora, foram cinco livros...

Deles, pelo menos um — Dias e noites, o primeiro do ciclo — é uma espécie de diário íntimo. Depois veio a trilogia, uma longa

viagem já não tão íntima, uma espécie de diário coletivo. Agora, com o Livro dos abraços, você volta ao tom pessoal. Por quê?

De certa forma, o que tentei fazer é conversar com minha memória e com a memória de todos. A fronteira que separa minha memória da memória dos demais costuma ser nebulosa, a tal ponto que muitas vezes, quando escrevia *Memória do Fogo*, eu sentia que estava escrevendo minha autobiografia. Estava escrevendo coisas que se referiam aos meus amores e às minhas fúrias mais profundas. Ao contrário, muitos textos de *O Livro dos Abraços* ou de *Dias e Noites*, que são textos que nascem como uma espécie de confissão autobiográfica, revelam uma espécie de vocação coletiva que as autobiografias não costumam ter. Isso talvez se deva ao fato de que eu gostaria de merecer, algum dia, o auto-elogio que Juan Gelman brindou à poesia de Walt Whitman, dizendo: "O velho fala dele/ mas tem o eu cheio de gente".

Você diz que, na trilogia, tentou reconstruir a memória coletiva. Ou a história?

Para mim é a mesma coisa. História é memória. E se é memória, é memória viva, como deve ser. Uma memória recorda o futuro. Memória da vida que está por ser vivida, que olha pra o passado não para ficar nele, mas para aprender dele, a partir dele. Os índios do noroeste do Estados Unidos têm uma tradição que explica isso. O velho fabricante de potes de cerâmica entrega ao jovem fabricante sua melhor peça. O artista que se retira oferece ao que começa sua peça preferida, a grande obra de sua vida. E o que começa não aguarda para contemplar: arrebenta o pote no chão, recolhe os pedacinhos e os integra à sua argila. Essa é a memória viva: a do pote que está para ser feito. Não tem nada que ver coma memória oficial, que nos propõe uma visita à história como quem vai a um museu.

Você tem um livro de contos, Vagamundo, de 1973. Um livro que teve muito êxito na época, muitas traduções. Depois, escreveu um romance, A canção da nossa gente, que teve êxito similar e obteve o prêmio Casa de las Américas. E nunca mais voltou a escrever ficção. Por quê?

É verdade, nunca mais. Agora estou escrevendo textos mais próximos da ficção. Mas não trabalhei mais nesse gênero porque sinto uma fascinação tremenda pela capacidade de ficção da realidade. Não dá pra competir com ela. A realidade é uma senhora muito louca. Que delira com um talento inimitável. Então, fica muito difícil, pelo menos para mim, imaginar coisas que superem o que a realidade oferece a cada dia, a partir de sua capacidade de poesia. Muitas vezes encontro, na realidade, histórias que me parecem impossíveis de serem imaginadas. Histórias que têm tamanho poder de síntese para expressar a realidade, para contá-la em suas dimensões escondidas, que se torna inútil competir com elas a partir da imaginação.

Mas, nessa linha que você adotou, não existe risco de tornar o trabalho um mero registro?

Não, porque não sou fotógrafo da realidade nem nunca quis ser. E, além disso, existem fotógrafos e fotógrafos. Não sou naturalista, não aspiro a reproduzir a realidade, e sim, recriá-la. Recriá-la com inteira liberdade poética, de tal forma que seus sons mais intensos e suas imagens mais poderosas possam ser transmitidas ao leitor e se multipliquem nele. Se eu me limitasse a copiar a realidade, a registrá-la, a traduzi-la sem modificações, isso não teria nenhum efeito multiplicador sobre a imaginação e sobre a memória e sobre a capacidade criadora de quem me lê. Seria um ato de consumo, a partir de uma reprodução passiva da realidade.

Sobretudo a partir do êxito de As veias abertas da América Latina, sua obra ficou muito marcada e terminou por colocar você no papel de um dos porta-vozes da esquerda latino-americana. Essa identificação o pressiona? Como você encara isso?

Não me incomoda. Eu diria até que me sinto muito orgulhoso quando me atribuem essa condição de ser um dos porta-vozes disso que é um sentimento, um pensamento coletivo. Mas acontece que não é verdade. Não sou porta-voz de nada, a não ser de minhas próprias angústias, minhas obsessões, minha própria e teimosa necessidade de viver com alegria. Acontece que essas angústias e obsessões, essa obstinada necessidade de fé na figura humana coincidem como o que muita gente pensa ou sente. E daí vem, acho, o equívoco que faz com que alguém considere alguém porta--voz de alguém. Mais que uma coincidência de respostas, sinto que existe uma coincidência de perguntas, de dúvidas.

Voltando ao seu livro mais recente, O livro dos abraços: você não teme que estes textos breves deem ao leitor a sensação de serem textos fáceis, como se o autor fosse vítima de uma espécie de preguiça?

Quero dar a impressão de simplicidade. Creio que o melhor que pode acontecer é justamente isso: que o texto pareça brotado na primeira tentativa, nascido sem esforço.

E nasceram assim?

Ora, de jeito nenhum! Em todos esses livros que foram reescritos uma infinidade de vezes. Custa muitíssimo chegar a essa síntese de poucas linhas a partir de histórias que começam de maneira muito mais extensa, e vão sendo reduzidas até se condensarem naquilo que acredito ser sua eletricidade essencial. Escrever, pra mim, é procurar, através das palavras, o que existe de essencial: a eletricidade da vida. Preguiça? De jeito nenhum. O texto que mais trabalho me deu, em toda minha vida, tem uma linha. Começou com quinze páginas, terminou em uma linha...

Como é o texto?

É sobre Camila O'Gorman, uma moça condenada à morte por ter cometido um delito de amor. Na Argentina da ditadura de Rosas, lá por 1850, ela se apaixonou por um padre. O texto final diz: *Ellos son dos por error; la noche corrige.*

A história de Camila O'Gorman foi contado em vários livros, alguns muito bons, todos muito longos. O que fez com que você escrevesse sua história em apenas uma linha, e não em duzentas páginas?

Uma opção pessoal. Eu poderia ter escrito tais duzentas páginas. O que eu faço não exclui, é claro, o que é feito pelos outros. O trabalho dos demais merece meu respeito sempre, e às vezes, minha admiração. Só que eu fiz assim. Gostaria de ser capaz de transmitir a vibração fundamental da vida humana, da aventura do bicho humano nessa vida, e gostaria de transmitir isso com a menor quantidade de palavras que for possível. No fundo, talvez eu seja apenas um autor de grafites...

Aliás, em **O Livro dos Abraços,** *você usa muitos grafites...*

Além de usar, admiro muito os pintados que vejo nas paredes. Elas às vezes despertam em mim a mesma admiração de alguns livros grandes, aqueles livros longos e esplêndidos que de vez em quando temos a sorte de ler. Há poucos dias eu caminhava por uma rua de Montevidéu e li num muro o seguinte: "Existe um país diferente, em algum lugar". E pensei: aí está uma definição perfeita de tudo. Um texto totalmente aberto pois pode ser lido de mil maneiras, interpretado de diferentes formas. Portanto, um texto multiplicador da imaginação de quem o lê. Essas palavras rabiscadas por mão anônima e apressada está nos estimulando a pensar, a imaginar. Eu recebi essa frase e senti que sim, existe um país diferente em algum lugar, e que esse lugar talvez seja o próprio Uruguai. Um país diferente contido no próprio Uruguai. Um país no qual, para que os hospitais tenham gaze e lençóis na cama, não seja necessário que os estudantes façam greve de fome, como aconteceu no Hospital das Clínicas de Montevidéu. Outros terão lido e recebido o texto de modo diferente.

Você não teme o lugar-comum?

Sim, temo, e muitas vezes caio no lugar-comum, mas por sorte percebo a tempo e evito que seja publicado...

Como é esse radar para detectar o óbvio quando se escreve?

Costumo escrever e depois deixar de molho. Nunca publico em seguida. Vejo e revejo, leio e releio, refaço, corrijo. Nunca me conformo com a primeira versão. E, além do mais, Helena, minha companheira, é uma crítica implacável, não perdoa escorregões.

Você é identificado com o grupo de escritores que tem, na América Latina, uma postura política bastante nítida. Com todas essas mudanças que ocorrem no mundo, como é ser hoje um escritor de esquerda?

Às vezes me sinto como um dinossauro, um representante de uma idade perdida da Terra. Outras vezes me sinto desamparado, solitário. E, em outras, sinto o contrário: que esta crise, como toda crise, pode ser fecunda, e que no fundo o que está sendo enterrado é a usurpação burocrática do socialismo, e não o socialismo. Eu pertenço a uma geração de escritores do Rio da Prata que emergiu e atuou num período muito atormentado da vida do Uruguai e da Argentina, onde vivi a primeira parte do meu exílio (1972-1976). Muitos dos membros dessa geração de escritores ficaram pelo caminho — assassinados ou desaparecidos, ou condenados a se calarem para poderem sobreviver, o que é uma forma de crime ou suicídio. Reconheço que em muitas coisas essa geração se equivocou. Mas algum dia será preciso dizer, para desculpá-la ou compreendê-la, que, seja como for, terá sido sempre uma geração que se equivocou por paixão, pela paixão de crer e não por dinheiro. Creio que nós, escritores dessa geração, estivemos muito vinculados com todo movimento popular e social que quis entrar na História com muito ímpeto. Cometeu muitos erros, mas agora, vendo as coisas em perspectiva, e num momento de crise e desamparo, continua acreditando que é melhor se equivocar por paixão do que acertar por dinheiro. E o mundo que estão nos oferecendo, a partir da crise da esquerda, do desmoronamento do chamado "socialismo real" dos países do Leste, é o mundo que propõe a fé no dinheiro como única fé possível.

Você disse que sua geração esteve vinculada a movimentos populares e sociais. Não está mais?

As coisas mudaram muito. Agora, isso depende mais de cada pessoa. Sinto que existe menos ímpeto coletivo na tarefa intelectual. Nos anos 60 havia mais. agora, o ofício é mais solitário, embora eu continue vinculado, em meu país, a movimentos, a grupos como o que edita o semanário Brecha, ou ao que está na prefeitura de Montevidéu, a Frente Ampla. Ou seja, estou vinculado a tudo aquilo que, para mim, significa uma opção real de transformação, e me sinto orgulhoso e contente por fazer parte de algo mais importante do que eu. Mas reconheço também que no mundo contemporâneo os espaços de participação coletiva para o trabalho cultural, intelectual, são hoje muitíssimo mais limitados do que há vinte anos.

Você diria que não existe mais aquela espécie de "espírito de grupo"?

Na melhor das hipóteses, eu diria que é muito menor. Porque antes éramos como a espuma de uma onda, aquela massa de um movimento popular ascendente, que agora está em refluxo. Éramos, e de muitas formas ainda somos, uma geração muito latino-americanista. A diferença é que hoje sinto que a tal onda, da qual éramos a espuma, tem muito menos força. O refluxo, aliás, é universal, e em boa medida foi precipitado pelo fracasso escandaloso do modelo socialista nos países do Leste europeu: esse que era chamado de socialismo real, mas que eu chamo de burocracia real. Seja como for, não há dúvida de que foi algo que teve uma incidência enorme sobre a esquerda latino-americana, sobre a esquerda em todo o mundo, principalmente no Terceiro Mundo. E agora o que ocorre é o contrário, simplesmente porque enfrentamos um mundo unipolar. Não existe um contrapeso para fazer frente ao que é chamado de Ocidente — os países ricos e poderosos que controlam o mundo em todos os aspectos, inclusive o cultural.

No caso da cultura, como se dá esse controle? Há formas novas?

Existe um fenômeno que chamo de ditadura da imagem única, que é tão ou mais perigoso que a ditadura do partido único. Quando houve a guerra do Iraque, isso se tornou absolutamente claro, numa evidência de ferir os olhos: o mundo está condenado a uma imagem única. Recebemos, daquela guerra, as imagens que os grandes centros de poder, principalmente o Pentágono, quiseram que a humanidade recebesse. Não houve os 150 ou 200 mil mortos, porque a televisão não mostrou nenhum. E quando a televisão não mostra, não existe. Nos últimos vinte anos há um despotismo da televisão no mundo, e isso não havia antes. Não foi previsto, é claro, por nenhum dos profetas do socialismo e das grandes lutas sociais que foram anunciadas no século XIX e comoveram o século XX. Este fenômeno está, creio eu, derivando na ditadura da imagem única. Na distribuição das funções entre cavalo e cavaleiro, o que temos é um número cada vez maior de países trabalhando para outros poucos. E esses poucos vendem a todos os demais a imagem que lhes convém.

O Prof. Antonio Candido classificou certa vez os anos 1960 como "os anos moços". Essa classificação vale para os anos 1980 e 1990?

Acho esta expressão de Antonio Candido, como tantas outras dele, belíssima. "Os anos moços"... Tempos de solidária generosidade e de paixão. Confesso que sinto falta da maneira de viver, de pensar, de sentir, que foi o signo dominante da geração formada nos anos 60. Mas muitas das vezes me calo na hora de dizer isso, porque compreendo que pode soar arrogante aos jovens de hoje. Arrogante e reacionário, como se fosse a opção pelo passado. A opção pelo passado implica, de algum modo, uma negação do futuro, e eu acho que vivemos uma época que nos expõe a esse risco: nos convida continuamente à desesperança, a negar o futuro.

Mas para quem as mudanças que ocorrem no mundo podem ser um convite à desesperança?

Para os que acreditam que o mundo pode ser mudado e que o homem não está condenado a repetir, porque amanhã não é necessariamente outro nome de hoje. Vivemos, penso, uma época muito difícil, e certamente não são "anos moços". Sinto que houve épocas, aliás recentes, em que alguns processos políticos chegaram muito perto daquilo que os "anos moços" defendiam e procuravam. Penso principalmente em alguns momentos da vida em Cuba e na Nicarágua, quando a realidade e a esperança se aproximaram, se tocaram e chegaram a se abraçar. Só que agora estamos, e rapidamente, em outra época, e é preciso ter a capacidade de olhar para a frente.

Você cita dois países latino-americanos que viveram processos

de crise permanente. Na Nicarágua, os sandinistas perderam a eleição. E Cuba vive sua pior crise.

Eu acho que a derrota sandinista foi provocada pela guerra. Não foi a única razão, mas foi sem dúvida a mais determinante. As pessoas votaram na paz. Havia uma guerra de dez anos, e a situação era extenuante. Tornara-se impossível viver num país pequeno e esgotado como a Nicarágua, enfrentando a maior potência de todos os tempos. A guerra foi a vencedora, na verdade. E ninguém pode condenar isso. Não sou dos que acreditam que o povo da Nicarágua estava condenado ao heroísmo eterno. A capacidade de heroísmo também tem limite. Mas, seja como for, penso também que a derrota eleitoral dos sandinistas foi um golpe duríssimo para todos aqueles que sentiam que na Nicarágua estava sendo levado adiante um processo de mudança radical da sociedade que não implicava o sacrifício da liberdade. Quanto a Cuba, eu diria que está vivendo agora uma tremenda crise de solidão derivada do desmoronamento estrepitoso dos países que a apoiavam. Cuba enfrenta uma situação nova, de desamparo quase total.

Como você analisa o tipo de relação comercial que Cuba manteve, ao longo de décadas, com a União Soviética e os países do Leste europeu?

Sob muitos aspectos, exemplar. E explico: tanto a União Soviética quanto os chamados países socialistas tiveram a virtude, que deverá ser reconhecida algum dia, de apoiar processos políticos que lutaram pela justiça social em diferentes países do Terceiro Mundo. Compravam pagando mais, vendiam cobrando menos. Um acordo de intercâmbio comercial alternativo diante de um mercado internacional que é um centro de despojo institucional, organizado, os países pobres pelos países ricos. O convênio entre Cuba e a União Soviética e os países do Leste europeu era um jeito de dizer que o saque não é a única opção possível, que o mundo não tem razão para estar organizado apenas em função da pirataria dos países poderosos. Um modo de mostrar que existem outros meios de relação entre países fracos e países fortes. Mas os convênios e pactos comerciais com Cuba e a Europa do Leste foram e continuam sendo vistos como uma intromissão do demônio nos negócios do céu. Como se Satanás tivesse entrado onde não devia, ou seja, no paraíso ocidental. Um paraíso onde os países emprestam com uma mão o que nos roubam com a outra. Os preços dos nossos produtos são cada vez menores, os preços dos que compramos são cada vez maiores. A situação da América Latina e do Terceiro Mundo nos mercados internacionais é cada vez pior. Somos cada vez mais roubados, cada vez mais maltratados, mais desprezados, porque valemos o que valem os nossos produtos, e eles valem cada vez menos.

No entanto, as economias dos países com os quais Cuba mantinha esse tipo de pacto desmoronaram.

Moscou tem hoje, e sempre teve, um nível de vida muito inferior ao de Budapeste ou Praga ou Varsóvia. E isso não depõe contra a ajuda soviética a Cuba, que foi a mais importante. Ao contrário, fala muito bem de sua capacidade de solidariedade. É preciso reconhecer isso. Veja bem, eu sempre fui — não agora, que está na moda, mas num tempo em que não era muito comum na esquerda — um crítico implacável das deformações burocráticas do socialismo e também das invasões soviéticas na Hungria, Tchecoslováquia, Afeganistão e Polônia. Sinto, portanto, a consciência limpa para dizer que, tendo criticado tanto uma estrutura na qual eu não me reconhecia e não reconhecia o que poderia ser o verdadeiro socialismo, sinto saudade de certas coisas. Uma saudade legítima dos pactos de intercâmbio como os que a União Soviética e os países do Leste tinham com Cuba, e que não são mais viáveis nestes novos tempos do mundo.

E o que será viável nestes novos tempos?

É o que me pergunto. Será somente acatar a vontade dos poderosos? Quais as alternativas que os países pobres têm, agora que acabou aquela espécie de contrapeso ao poder imperial do Ocidente? O que podemos visualizar como alternativa ao desastre que despenca encima de nós, latino-americanos? A situação da América Latina é cada vez pior, a questão social é cada vez mais grave. Esta é uma região do mundo condenada a vender seus braços e o fruto de seus braços a preços cada vez mais baixos, dentro de uma estrutura de poder que atua da maneira mais feroz e implacável, e que tem a lei da usura como único fundamento. Será preciso que nos juntemos, para atuar como uma força única, nem que seja uma

união motivada só pelo desespero. Claro que seria melhor juntar-
-nos a partir de esperanças compartilhadas, mas já que se tornou
tão difícil acreditar nessas esperanças, vamos juntar-nos nem que
seja a partir das desesperanças...Não acredito que a América Latina
possa continuar aceitando, passiva, o papel que lhe coube na nova
divisão do mundo: o de países párias.

O quadro que você pinta tem cores sombrias.

Com certeza. Vivemos uma época feia, dura, na qual a gente cai,
se levanta, torna a cair e a se levantar....

**Como é, então, escrever? Para alguém como você, quais são os
estímulos que o mundo de hoje oferece?**

Acontece que sou dos que acreditam que é possível ver o universo pelo buraco da fechadura. Ao longo de muitos livros, tentei
resgatar a pequena história, porque creio que nessa história peque-
nina a história verdadeiramente grande resplandece. Diria, então,
que o que me consola são as pequenas coisas de cada dia. Há uma
espécie de resgate da dimensão das coisas que se faz cada vez mais
necessária na hora de reconstruir o diálogo com o mundo. Diálogo,
sem dúvida, muito machucado por tudo o que está acontecendo,
essa espécie de desmoronamento da esperança em escala universal, e que passa a nos oferecer um mundo onde a humilhação parece ser o único destino possível, onde a capacidade de esperança
torna-se cada vez mais difícil, mais complicada. Esse mundo de

hoje me fere muito como escritor, porque afinal as palavras que a gente devolve aos outros vêm dos outros, e tudo o que acontece me mutila ou me multiplica, mas nunca me deixa intacto. O que faço é tornar a beber nas fontes mais próximas e nas mais pequenas, mais humildes.

E isso é bom?

Acho que sim. O ofício intelectual é muito arriscado, e um de seus riscos é o da arrogância. Há momentos em que corremos o risco de nos enrolarmos em grandes palavras. Creio que, no fundo, tudo isso pode ser também interpretado como uma grande lição de humildade, um remédio contra a arrogância que muitas vezes nos conduz a confundir a realidade com nossos desejos, ou a negá-la quando não se parece com eles, como se ela não fosse digna de nós. O que estamos vivendo é uma espécie de volta à realidade pela porta dos fundos. Porta pequena, modesta, mas que coincide em muitos aspectos com minha visão do mundo. Sempre tentei resgatar essas minúsculas histórias do dia-a-dia, e elas continuam sendo bom pão para comer, boa água para beber. Assim, procurando, multiplico a certeza de que escrever vale a pena, de que não é uma paixão inútil. Sinto ainda e sempre a identificação com os que lutam, e tenho certeza de que as palavras vêm deles e a eles são devolvidas. Palavras que têm uma capacidade de vida, de multiplicação de vida. E isso me ajuda muito, porque todos os dias recebo confirmações de que o que escrevemos ajuda outros mais do que ajuda quem escreveu. A capacidade de criação das pessoas,

isso que os intelectuais, por desprezo, chamam de "gente comum",
continua dando respostas assombrosas. Apesar de toda a maquinaria montada no mundo contemporâneo para esterilizar a humanidade, continuo vendo cenas, ouvindo frases, notando gestos que
confirmam que a aventura de viver vale a pena, e que o mundo não
está condenado a ser um campo de concentração para a maioria
da humanidade.

25 ANOS DE VEIAS ABERTAS DA AMÉRICA LATINA ENTREVISTA PARA A REVISTA ATENÇÃO! POR BRENO ALTMAN, 1996

Há 25 anos o senhor lançava **As Veias Abertas da América Latina.** *Qual o seu balanço sobre as ideias da obra?*

Os fatos lamentavelmente confirmaram o que dizia o livro, que não foi mais do que uma tentativa de ajudar a difundir informações que estavam trancadas a sete chaves na literatura especializada. *Veias Abertas* tentou ser uma contra-história, contada a partir do ponto de vista dos invisíveis, dos depreciados da história oficial. A afirmação básica era de que não há riqueza inocente, que não se explique pela pobreza; que todo processo de acumulação é também um fenômeno de exclusão. E que o modelo econômico dominante no continente cobra dos povos latino-americanos tanto a conta das crises e das recessões como dos surtos de desenvolvimento.

O senhor não se sente solitário na defesa desses antigos conceitos?

Não, estou acompanhado do Fundo Monetário Internacional e do Banco Mundial. Sou um devoto dessas duas organizações filantrópicas, que tanto fazem para ajudar os pobres. Devo ser a única pessoa no mundo que lê integralmente seus informes (um sacrifício considerável, levando-se em conta a qualidade da prosa de seus especialistas). E segundo eles, entre 1960 e 1990 o fosso entre os mais ricos e os mais pobres duplicou. A atualização de "Veias Abertas" está sendo feita, ano após ano, pelos funcionários dessas organizações, que se ocupam em Washington de medir e agudizar as desigualdades sociais.

Mas muitos intelectuais e militantes progressistas já não partilham dessa sua análise e revisaram suas posições dos anos 1960 e 70, assumindo hoje o neoliberalismo como resposta à sociedade do fim de século.

Há gente que honestamente acredita que a liberdade do dinheiro significa a liberdade das pessoas. Não pecam por desonestidade, mas por ignorância. A história da humanidade mostra exatamente o contrário. Há outros casos que me fazem recordar algo que ouvi na Espanha, durante o exílio. Manoel disse a Pepe: "Hombre, quando nos conhecemos, você era monarquista; depois, virou falangista; em seguida, franquista; quando Franco morreu, tomou-se democrata; um tempo depois, socialista; e, agora, está outra vez na direita. Hombre, como você mudou de ideia!". E Pepe respondeu:

"Eu, mudar de ideia? Minha ideia foi sempre a mesma, ser o tirano desse povo".

Qual foi sua trajetória política e cultural antes de chegar a Veias Abertas?

Tive uma infância católica e uma adolescência marxista. Quando criança, li os Evangelhos. Quando jovem, O Capital. Na minha infância católica, aprendi a não confundir o cristianismo com a Inquisição. Na minha adolescência marxista, socialismo com stalinismo. Essas foram as duas coisas que me marcaram e são o fundo de meu copo de vinho, estranha combinação entre mística católica e fervor socialista.

O senhor quis ser padre, jogador de futebol e pintor. Como chegou a sua vocação definitiva?

Em meu período místico, pensava em ser padre. Depois, a revelação do sexo, na adolescência, dissipou essa vocação e salvou a Santa Madre Igreja de um golpe que poderia ter-lhe sido fatal. A primeira vez que fui a Roma, li um cartaz que anunciava a existência do Banco do Espírito Santo. Para mim, foi um choque. Acreditava até há pouco no Espírito Santo, o que não sabia é que ele era banqueiro. Também tive, como todos os garotos uruguaios, vocação para jogador de futebol. E jogava maravilhosamente bem durante as noites, quando sonhava. De dia era o pior perna-de-pau. Quis ser pintor e desenhista, mas era muito grande a distância entre o que eu queria falar e o que poderia conseguir com as imagens. Assim, passei a tentar as palavras. E toda vez que escrevo meus joelhos tremem como se fosse a primeira vez.

Antes da literatura, o senhor construiu uma atividade jornalística de repercussão.

Fui diretor de numerosas publicações, quase sempre fechadas pelo governo ou por credores. Entre outras, um diário independente de esquerda, chamado Época, um tablóide com trinta páginas que chegou a trinta mil exemplares de tiragem, feito por jovens de 24, 25 anos entre 1964 e 1965. Foi uma experiência linda. Todos vivíamos de outras ocupações e ninguém recebia por esse trabalho. Guardo bonitas lembranças desse tempo louco. No final de cada noite, afastávamos mesas e cadeiras e nos matávamos jogando futebol até quase amanhecer.

O senhor teve militância em alguma organização da esquerda uruguaia?

Quando tinha 14 anos, ingressei na Juventude Socialista, mas não sirvo para militância partidária. Provavelmente por influência anarquista, a ideologia que talvez mais coincida com minhas glândulas.

Qual a sua avaliação do curso da esquerda latino-americana nesses anos posteriores à crise do socialismo?

A esquerda latino-americana tem dado alguns passos importantes, nos últimos anos, para romper a camisa-de-força com que muitas vezes tentou aprisionar a situação continental. Esteve historicamente vinculada com uma certa ideia de iluminismo, compreendendo-se como uma das forças «civilizadoras» que pretendiam impor, de cima para baixo e de fora para dentro, certas verdades a uma realidade que depreciavam e que continha outras verdades, de baixo para cima e de dentro para fora, que denominavam de "barbárie".

Essa concepção levou a esquerda mexicana a organizar "batalhões vermelhos" para lutar contra Zapata e Pancho Villa. Levou os comunistas argentinos a andar de braços dados com o embaixador norte-americano contra Perón nas eleições de 1946 e aos seus colegas nicaraguenses a comemorar a morte de Sandino e, depois se aliarem a Ronald Reagan na guerra dos "contras'. Essas e outras atrocidades foram cometidas em nome do socialismo e da civilização. Creio, porém, que isso está mudando e que a esquerda vive um rico processo de renacionalização.

Quais são os fenômenos que o senhor identifica como positivos nessa renacionalização da esquerda?

Há agora, em toda América Latina, movimentos que superam os marcos da história da esquerda e anunciam novas possibilidades e caminhos. O que ocorreu em Chiapas, com a rebelião zapatista é um dos fenômenos positivos em curso, que se propõe a desencadear a energia social represada, a despertar os músculos secretos que a sociedade possui. Nesse sentido, nos encontramos com uma realidade muito mais rica que a de alguns anos atrás. Em grande medida, porque o dogma de que política é feita só por partidos e sindicatos é um dos esquemas que separou a esquerda da realidade. Há uma capacidade de resposta popular nessas organizações comunitárias que segue viva, apesar do sistema impor uma ordem individualista de "salve-se quem puder".

Mas esses movimentos não estão limitados a um "salve-se quem puder" coletivo, sem alternativa de poder?

Não me animaria desqualificar movimentos. Prefiro aplaudi-los pelo que fazem. Se há um «salve-se quem puder» coletivo, me parece bastante saudável que existam, principalmente em uma época na qual está proibida toda energia coletiva que não esteja a serviço do mercado. Não há mais povos, apenas públicos e massas de consumidores. E é nesse momento que surgem movimentos que reivindicam participação popular e fogem dos limites de a cada quatro anos votar por políticos que, majoritariamente, roubam dinheiro e esperança.

O senhor acredita, como nos anos 1970, que esses movimentos podem se articular em torno da ideia de revolução?

A organização do mundo está fundada sobre uma relação ainda mais desigual do que quando escrevi *Veias Abertas*. No lugar de falar das hipóteses revolucionárias, em uma realidade tão confusa, talvez fosse melhor penetrar nas contradições que na minha juventude se chamavam capitalismo e hoje se chama economia de mercado. Por exemplo: a tendência à concentração da riqueza e à multiplicação da pobreza, em escala nacional e mundial. Ou a contradição entre o vertiginoso avanço tecnológico, com a diminuição das horas de trabalho necessárias para a produção das mercadorias — e que deveria traduzir-se em um tempo de ócio e liberdade muito maior para os trabalhadores —, e o aumento do número de desempregados e marginalizados. Ou o confronto entre uma cultura que ordena aos povos consumirem e uma economia que os proíbe. Uma contradição que se manifesta mais nas páginas policiais que na política. São esses antagonismos que alimentam a atualidade das opções revolucionárias. Esse sistema, gerador tanto de fome de pão como de abraços, está condenado a criar inimigos.

O senhor sempre foi crítico das corporações multinacionais, identificadas como principal fonte de injustiça e autoritarismo no continente. Não é um tema ultrapassado pela globalização da economia?

Esses últimos vinte ou trinta anos levaram a concentração de poder a extremos inimagináveis. O mundo de hoje vive sob o super governo de um punhado de grupos financeiros e seus tecnocratas. Um ministro da Economia decide menos que um alto funcionário do FMI. Há uma ditadura invisível das grandes corporações, que com seus computadores decidem a sorte ou desgraça de um país sem invadi-lo da forma tradicional. É uma saída menos escandalosa que a ação dos marines. Apesar de que, quando a política do Iraque provocou elevação do preço do petróleo, não existiu hesitação em se desencadear a Guerra do Golfo.

O senhor ainda acredita que os Estados latino-americanos tenham conflitos com os interesses dessas grandes corporações?

Há um desprestígio do poder público no mundo, uma onda de desnacionalização. Com isso se busca uma rendição sem luta diante da ditadura das corporações transnacionais. O grande desafio é fazer do Estado expressão da vontade coletiva, o que significa trabalhar com a ideia de desprivatizá-lo, tirá-lo das mãos dos politiqueiros que servem aos negócios dos grupos econômicos. E essa é uma tarefa que exige articulação entre os Estados latino-americanos, que têm sido patéticos, até o momento, no enfrentamento dos temas da sua ruína, mesmo numa questão tão clara como a da dívida externa.

O senhor crê que possa existir uma sociedade socialista?

Sim, não há porque confundir o naufrágio das experiências de poder burocrático na antiga Europa Oriental com a morte do socialismo. Creio que se equivocaram de cadáver. Um sistema de poder vertical, que tratava o povo como menor de idade, não tinha a ver com socialismo.

O senhor inclui Cuba nessa análise?

O caso cubano é diferente. Não houve um processo ortopédico, como em muitos países do antigo Leste Europeu, de imposição do socialismo burocrático por acordos militares das grandes potências. Em Cuba foi um processo de desenvolvimento interno ocorrido na base da sociedade, ao longo dos anos, e que agora passa por uma etapa de trágica solidão. Ainda que eu não tivesse nenhuma afinidade com o que se chamava de socialismo no Leste, é preciso reconhecer que a queda desse bloco foi uma notícia ruim para os países do chamado Terceiro Mundo, que antes podiam tentar caminhos alternativos, graças ao jogo que era possível quando havia mais de uma potência dominante. Precisamos torcer para que se aprofundem as contradições entre japoneses, europeus e norte-americanos, ampliando as margens de manobra da esquerda nos países da periferia do sistema.

Mas Cuba não repete o padrão burocrático?

Essa pequena ilha do Caribe está acossada por um duplo bloqueio. Um bloqueio externo, que já dura quase 40 anos, pelo delito de soberania nacional, de querer deixar de ser colônia e se transformar em pátria. E um bloqueio interno, das estruturas burocráticas de poder, que afogam as energias de mudança que a Revolução gerou. Tenho com Cuba muitas discrepâncias. Não gosto do partido único, da onipotência do Estado, da organização vertical do poder. Mas é um símbolo de dignidade de enorme importância para a

América Latina e para o mundo. Ainda mais quando foi abandonada por muitos amigos, que antes a consideravam um paraíso e agora a confundem com o inferno.

Os Estados Unidos justificam sua posição pela ausência de democracia em Cuba.

Há muita hipocrisia nisso. Passei a infância e adolescência ouvindo falar de Formosa (Taiwan), que tinha o Kuomitang como partido único, como baluarte da liberdade contra a China de Mao Tsé-Tung — e a primeira eleição direta em 50 anos só ocorreu há pouco. Quando três cubanos foram fuzilados, em 1992, houve escândalo. Mas ninguém fala dos 33 americanos eletrocutados ou das 66 pessoas executadas na Arábia Saudita (um dos países que mais desrespeita os direitos humanos, mas também o principal cliente da indústria militar norte-americana). Bill Clinton enche a boca contra os cubanos, mas um dos financiadores de sua campanha, nas últimas eleições presidenciais dos EUA, foi o ditador indonésio Suharto, cuja dúvida é se matou meio milhão ou um milhão de opositores.

O senhor se sente frustrado com o cenário cultural da América Latina?

Há uma tendência de reduzir a cultura à atividade dos profissionais da cultura e seus produtos, filmes, músicas, livros, peças de teatro etc. Penso que essa é uma concepção elitista da cultura.

A cultura é feita por todos. Essa tradição elimina dos meios de comunicação a cultura popular, tratada como simplificação degradada e mercadoria de fácil consumo. E esse é o desafio cultural dos latino-americanos, combater a ideologia do consumo, que inibe a criação e escraviza as emoções e os cérebros em função das necessidades de mercado.

O senhor é otimista sobre o futuro da América Latina...

O otimismo deve ser filho do amor, porque o amor é cego.

ESCOLA DO CRIME

Economia de importação, cultura de impostação, reino da frescura: somos todos obrigados a embarcar no cruzeiro da modernização. Nas águas do mercado, a maioria dos navegantes está condenada ao naufrágio; mas a dívida externa paga — por conta de todos — as passagens da minoria que viaja em primeira classe. Os empréstimos da banqueria mundial, que permitem abarrotar a minoria consumidora com coisas inúteis, atuam a serviço da bacanice de nossas classes médias e da reprodutora esnobisse de nossas classes altas; e a televisão se encarrega de transformar em necessidades reais, as demandas artificiais que o norte do mundo inventa incansavelmente, despejando-as com sucesso sobre o sul e o leste.

Mas o que acontece com os milhões e milhões de jovens latino-americanos condenados ao desemprego ou aos salários de fome? Entre eles, a publicidade não estimula a compra e sim a violência; entre elas, estimula a prostituição. Os anúncios proclamam: quem não tem, nada é. Quem não tem carro, ou sapatos importados, ou perfumes importados, é um zé-ninguém, um lixo; e assim, a cultura do consumo dá aulas à multidão de alunos da Escola do Crime.

Ao se apoderar dos fetiches que atestam existência às pessoas, cada assaltante quer ser como a sua vítima. A TV oferece o serviço completo: não somente ensina a confundir a qualidade de vida com a quantidade de coisas, como também oferece diariamente cursos audiovisuais de violência, complementados pelos videogames. O crime é o programa de maior sucesso da telinha. Bata antes que te batam, aconselham os professores eletrônicos de crianças e jovens. Você está só, não pode contar com ninguém. Carros que voam, pessoas que explodem: você também pode matar.

Crescem as cidades — as cidades latino-americanas já são as maiores do mundo — e junto com as cidades, a um ritmo apavorante, cresce o delito. Cidades insones: uns não dormem tentando conseguir as coisas que não têm, outros não dormem por medo de perder o que já têm.

A ansiedade consumista não é a única professora na Escola do Crime. Ela atua em parceria com a injustiça social, mestre eficientíssima em sociedades onde a opulência ofende escandalosamente a fome; além delas, também contribui a impunidade do poder, que passa lições de mau exemplo em sociedades onde os mandatários matam e roubam sem remorso nem castigo.

Este mundo de fim de século, que a todos convida para o banquete, porém bate a porta na cara da maioria, é ao mesmo tempo igualador e desigual. Nunca antes o mundo foi tão desigual nas oportunidades oferecidas, mas também nunca foi tão igualador nas ideias e costumes que impõe. O igualamento obrigatório, que atua contra a diversidade cultural do bicho humano, impõe um totalitarismo simétrico ao totalitarismo da desigualdade da economia, imposto pelo Banco Mundial, pelo Fundo Monetário Internacional e por outros fundamentalistas da liberdade do dinheiro. No mundo sem alma que somos obrigados a aceitar como o único possível, não existem povos e sim mercados; não existem cidadãos e sim consumidores; não existem nações e sim empresas; não existem cidades e sim aglomerações; não existem relações humanas e sim competição mercantil.

Nunca antes foi tão pouco democrática a economia mundial, nunca antes foi o mundo tão escandalosamente injusto. A desigualdade duplicou em trinta anos. Em 1960, 20% da humanidade — os que mais tinham — era trinta vezes mais rica do que os 20% mais necessitados. Em 1990, a diferença entre a prosperidade e o desamparo havia dobrado para sessenta vezes. E nos extremos dos extremos, entre os ricos riquíssimos e os pobres pobríssimos, o abismo é bem mais profundo. Somando-se as fortunas privadas que ano após ano desfilam obscenamente pelas páginas pornofinanceiras das revistas Forbes e Fortune, chegamos à conclusão de que 100 multimilionários dispõem atualmente da mesma riqueza de 1,5 bilhão de pessoas.

Há quem meça a desigualdade. O Banco Mundial, que tanto faz para multiplicá-la, chega a admiti-la, por exemplo, em seu World Development Report, de 1993. E as Nações Unidas também confirmam (United Nations Development Programme, Human Development Report, 1994). A desigualdade cultural, ao contrário, não pode ser medida. Seus demolidores progressos, no entanto, saltam aos olhos. Os meios de comunicação da era eletrônica, em sua maioria a serviço da incomunicação humana, nos dão o direito de escolher entre o mesmo e o mesmo, num tempo esvaziado de história e num espaço universal que procura negar às suas partes o direito à identidade. É cada vez mais unânime a adoração dos valores da sociedade de consumo.

A economia mundial precisa de um mercado de consumo em constante expansão para não derrubar suas margens de lucro, mas ao mesmo tempo precisa, pela mesma razão, de braços que trabalhem a preço de banana nos países do sul e do leste do planeta. O segundo paradoxo é filho do primeiro: o norte dita ordens de consumo cada vez mais impositivas, dirigidas ao sul e ao leste, no sentido de multiplicarem seus consumidores, mas terminam multiplicando, numa medida bem maior, seus delinquentes. O convite ao consumo é um convite ao delito. Lendo as páginas policiais dos jornais aprende-se mais sobre as contradições sociais do que nas páginas sindicais ou políticas. Nelas se encontram as alegres mensagens de morte emitidas pela sociedade de consumo.

NOTÍCIAS DE NINGUÉM

Até vinte ou trinta anos atrás, a pobreza era fruto da injustiça. A esquerda denunciava, o centro admitia, a direita raramente negava. Os tempos mudaram, e em muito pouco tempo: agora a pobreza é o justo castigo merecido pela ineficiência, ou simplesmente é um modo de expressão da ordem natural das coisas. A pobreza pode ser lamentada, mas não provoca mais indignação: existem pobres devido às regras do jogo ou por fatalidade do destino.

A mídia dominante, que mostra a atualidade do mundo como um espetáculo fugaz, alheio à realidade e vazio de memória, abençoa a organização da desigualdade crescente e ajuda a perpetuá-la. Nunca antes o mundo foi tão injusto na repartição dos pães e dos peixes, mas o sistema que rege o mundo, e que agora é pudorosamente chamado de economia de mercado, mergulha cada dia num banho de impunidade. O código moral deste fim de século não condena a injustiça, mas o fracasso.

Meses atrás, Robert McNamara, que foi um dos responsáveis pela Guerra do Vietnã, escreveu um longo arrependimento público.

Seu livro, *In Retrospect* (Times Books, 1995), reconhece que essa guerra foi um erro. Mas essa guerra, que matou três milhões de vietnamitas e 58 mil norte-americanos, foi um erro porque não podia ser ganhada, e não porque fosse injusta. O pecado está na derrota, não na injustiça. Segundo McNamara, já em 1965 o governo dos Estados Unidos dispunha de irrefutáveis evidências que demonstravam a impossibilidade da vitória de suas forças invasoras, mas continuou agindo como se a vitória fosse possível. O fato de que os Estados Unidos estivessem praticando o terrorismo internacional para impor ao Vietnã uma ditadura militar que os vietnamitas não queriam está fora de questão.

Em um sistema de recompensas e castigos, que concebe a vida como uma impiedosa corrida entre poucos ganhadores e muitos perdedores, o fracasso é o único pecado mortal. Com a violência ocorre o mesmo que com a pobreza. No sul do planeta, onde habitam os perdedores, a violência raramente aparece como um resultado da injustiça. A violência quase sempre é exibida como fruto da má conduta dos seres de terceira classe que habitam o chamado Terceiro Mundo, condenados à violência porque ela está na sua natureza: a violência corresponde, como a pobreza, à ordem natural, à ordem biológica ou talvez zoológica de um submundo que assim é porque assim sempre foi e assim continuará sendo.

As tradições, que perpetuam a maldição desde os mais escuros e fundos tempos, atuam a serviço desta natureza cúmplice da desigualdade social, e proporcionam a explicação mágica para todos os horrores. A recente reunião mundial de mulheres em Pequim desencadeou uma onda de denúncias, nos meios massivos de comunicação, a propósito de um costume aberrante: na Índia, na China, no Paquistão, na Coréia do Sul e em outros países asiáticos, milhões de meninas são assassinadas ao nascer. A mídia atribuiu o infanticídio sistemático apenas à barbárie milenar. Mas o desbalanceamento da população asiática — cada vez mais homens, cada vez menos mulheres — tem se agudizado nos últimos anos. Será que este fato não tem a ver, talvez muito a ver, com a incorporação acelerada e brutal desses países na chamada modernização, através do desenvolvimento das indústrias exportadoras de baixíssimos custos? Os valores do mercado, valores dominantes no mundo de hoje, são inocentes desses crimes? O álibi da tradição pode absolver um sistema que taxa a preço vil a mão-de-obra feminina e transforma em desgraça o nascimento de meninas nos lares pobres?

Enquanto McNamara publicava seu livro sobre o Vietnã, dois países latino-americanos, Guatemala e Chile, chamaram, assombrosamente, a atenção da opinião pública norte-americana.

Um coronel do exército da Guatemala foi acusado pelo assassinato de um cidadão dos Estados Unidos e pela tortura e morte do marido de uma cidadã dos Estados Unidos. Revelou-se que há vários anos esse coronel recebia salário da CIA. Mas a mídia, que divulgou muita informação sobre o escandaloso assunto, deu pouca importância ao fato de que a CIA vem financiando assassinos e pondo e tirando governos na Guatemala desde 1954. Naquele ano, a CIA organizou — com a aprovação do presidente Eisenhower — o golpe de Estado que derrubou o governo democrático de Jacobo Arbenz. O banho de sangue que a Guatemala vem sofrendo desde então foi sempre considerado natural e poucas vezes chamou a atenção das fábricas de opinião pública. Não menos de 100 mil vidas humanas foram sacrificadas; mas foram vidas guatemaltecas e, em sua maioria e cúmulo do desprezo, vidas indígenas.

Ao mesmo tempo em que revelava a história do coronel na Guatemala, a mídia informou que dois altos oficiais da ditadura de Pinochet tinham sido condenados à prisão no Chile. O assassinato de Osvaldo Letelier constituiu uma exceção à norma da impunidade e este detalhe não foi mencionado. Impunemente, os militares que em 1973 assaltaram o poder no Chile cometeram muitos outros crimes, com a colaboração confessa do presidente Nixon. Letelier tinha sido assassinado com sua secretária norte-americana, na cidade de Washington. O que teria acontecido se tivesse caído em Santiago do Chile, ou em qualquer outra cidade latino-americana? O que aconteceu com o general chileno Carlos Prats, impunemente assassinado, junto com sua esposa também chilena, em Buenos Aires, em 1974?

A AUTOMÓVELCRACIA

Sequestro dos fins pelos meios: o supermercado o compra, o televisor lhe assiste, o automóvel o dirige. Os gigantes que fabricam automóveis e combustíveis, negócios quase tão rentáveis quanto armas e drogas, convenceram-nos de que o motor é o único prolongamento possível do corpo humano.

Em nossas cidades, submetidas à ditadura do automóvel, a grande maioria das pessoas não têm outra alternativa a não ser pagar para viajar, como sardinhas em lata, num transporte público destrambelhado e insuficiente.

A sociedade de consumo, oitava maravilha do mundo, décima sinfonia de Beethoven, impõe-nos sua simbologia de poder e sua mitologia de ascensão social. "O carro é seu melhor amigo", informa um anúncio. A vertigem sobre rodas o fará feliz: "Viva uma paixão!", oferece outro anúncio. A publicidade o convida para entrar na classe dominante acessando a chavinha mágica que liga o motor: "Imponha-se!", ordena a voz que dita as ordens do mercado, e também: "Demonstre que você tem personalidade!". E, se não me falha a memória da infância, se você colocar um tigre no tanque, você será o mais rápido e o mais poderoso de todos, e passará por cima de quem atrapalhar o seu caminho em direção ao sucesso.

A linguagem fabrica a realidade ilusória que a publicidade precisa para vender seus produtos. Mas ocorre que, na realidade real, os instrumentos criados para multiplicar a liberdade contribuem para nos encarcerar. O carro, essa máquina de ganhar tempo, devora o tempo humano. Nascido para nos servir, coloca-nos a seu serviço: ele nos obriga a trabalhar mais e mais horas para poder alimentá-lo, rouba nosso espaço e envenena nosso ar.

Em nome da liberdade de empresa, da liberdade de circulação e da liberdade de consumo, o ar urbano tornou-se irrespirável. O carro não é o único culpado pela agressão cotidiana ao ar no mundo, mas é quem mais diretamente ataca os habitantes das cidades.

As ferozes descargas de chumbo que se enfiam no sangue, agredindo os nervos, o fígado e os ossos, têm efeitos devastadores principalmente no hemisfério sul, onde não são obrigatórios os catalizadores nem a gasolina purificada. Conforme denunciam os ecologistas, em Santiago do Chile, cada criança que nasce aspira o equivalente a sete cigarros diários e uma em cada quatro crianças sofre de alguma forma de bronquite.

O que é a ecologia? Um táxi pintado de verde? Na Cidade do México, os táxis pintados de verde são chamados de táxis ecológicos e chamam-se de parques ecológicos as poucas árvores de cor doentia que sobrevivem ao assédio dos carros. Numa publicação oficial, as autoridades da capital mexicana difundiram alguns conselhos ecológicos que parecem ter sido inspirados pelos mais sombrios profetas do apocalipse. A Comissão Metropolitana de Prevenção e Controle da Contaminação que "permaneçam o menor tempo possível ao ar livre, mantenham fechadas portas e janelas e não pratiquem exercícios das 10 às 16 horas" nos dias muito poluídos, que são quase todos.

Segundo relatam os estudiosos de antiguidades gregas, a cidade nasceu como um lugar de encontro das pessoas. Há espaço para as pessoas nestas imensas garagens? Pouco antes da publicação desses conselhos ecológicos, saí caminhando pelas ruas da Cidade do México. Andei quatro horas entre motores que rugiam. Sobrevivi. Meus amigos me deram boas-vindas emocionados, mas me recomendaram um bom psiquiatra.

Os automóveis matam uma multidão, a cada ano, no mundo inteiro. Em muitos países, as estatísticas são duvidosas, ou inexistentes ou não estão atualizadas. As últimas estimativas globais disponíveis (do Worldwatch Institute, de Washington) indicam que mais de 250 mil pessoas morreram em acidentes de trânsito em 1985. Nem a guerra do Vietnã matou tanta gente em apenas um ano.

No mundo inteiro, o trânsito é a primeira causa de morte entre os jovens, acima de qualquer doença, droga ou crime. Uma enorme campanha internacional de propaganda, com nuances francamente terroristas, adverte diariamente aos jovens sobre os riscos do sexo em tempos de Aids. Por que não fazer uma campanha semelhante acerca dos perigos do automóvel? A carteira de motorista equivale à licença de porte de armas?

Andar de bicicleta pelas ruas das grandes cidades latino-americanas, que não têm ciclovias, é a forma mais prática de se suicidar. Nos países do sul do planeta, onde as normas existem para serem violadas, há muito menos carros do que nos países do norte, porém matam muito mais.

Por que os latino-americanos que não têm nem terão carro próprio — a imensa maioria não pode nem poderá comprá-lo — continuam condenados a aguardar nas esquinas, sem outro remédio a não ser esperar os escassos ônibus? Por que não abrir, antes que seja tarde, ciclovias protegidas nas avenidas e ruas principais?

Os carros não votam, mas os políticos têm pânico de provocar-lhes o mínimo desgosto. Nenhum governo latino-americano atreveu-se a desafiar o poder motorizado. É verdade que recentemente Cuba se encheu de bicicletas, mas isso não aconteceu durante os trinta e tantos anos de revolução. A bicicleta aparece maciçamente em Cuba quando não há outro remédio, porque não sobra uma gota de petróleo: não como uma alegria desfrutável, mas como uma calamidade inevitável.

Nem sequer as revoluções, às quais ninguém poderia negar o desejo de mudança, propuseram-se a pôr em prática esta singela maneira de diminuir a dependência das onipotentes empresas que dominam o negócio do transporte e do petróleo no mundo. Não existe pior colonialismo do que aquele que nos conquista o coração e nos apaga a razão.

O ANJO EXTERMINADOR

Em 1992, houve um plebiscito em Amsterdã. Os habitantes desta cidade holandesa decidiram reduzir à metade o espaço, já o bastante limitado, ocupado pelos automóveis. Três anos mais tarde, foi proibido o trânsito de carros particulares em todo o centro da cidade italiana de Florença, proibição essa que incluirá a cidade inteira à medida que se multipliquem os bondes, as linhas de metrô, os calçadões e os ônibus. Além, é claro, das ciclovias: dentro de pouco tempo será possível atravessar toda a cidade sem riscos, pedalando num meio de transporte que custa pouco, não gasta nada, não invade o espaço humano nem envenena o ar. Enquanto isso, um relatório oficial confirmava que os automóveis ocupam um espaço bem maior do que as pessoas na cidade norte-americana de Los Angeles, mas lá ninguém pensou em cometer o sacrilégio de expulsar os invasores.

A QUEM PERTENCEM AS CIDADES?

Amsterdã e Florença são exceções à regra universal de usurpação. O mundo foi motorizado velozmente, à medida que as cidades e as distâncias cresceram, e os meios de transporte público abriram caminho para o automóvel particular. O presidente francês Georges Pompidou exaltou esse movimento dizendo que "é a cidade que precisa se adaptar aos automóveis e não o inverso". Mas suas palavras ganharam um sentido trágico quando foi revelado que as mortes por poluição na cidade de Paris aumentaram brutalmente durante as greves do final do ano passado: a paralisação do metrô multiplicou as viagens de automóvel e esgotou os estoques de máscaras antipoluentes.

Na Alemanha, em 1950, trens, ônibus, metrôs e bondes transportavam três quartos da população; hoje, levam menos de um quinto. A média europeia caiu para 25%, o que ainda é muito se comparado aos Estados Unidos, onde o transporte público atinge apenas 4% do total. Henry Ford e Harvey Firestone eram amigos íntimos, e ambos se davam extremamente bem com a família Rockefeller. Essa afeição recíproca desembocou numa aliança de influências que esteve diretamente relacionada com o desmantelamento das linhas de trens e a criação de uma vasta rede de estradas, em todo o território norte-americano. Com o passar dos anos, nos Estados Unidos e no mundo inteiro, tornou-se cada vez mais esmagador o poder dos fabricantes de automóveis e de pneus, e dos industriais do petróleo. Das sessenta maiores empresas do mundo, metade pertence a esta santa aliança ou está de alguma forma ligada à ditadura das quatro rodas

DADOS PARA UM PRONTUÁRIO

Os direitos humanos terminam onde começam os direitos das máquinas. Os automóveis emitem impunemente um coquetel de substâncias assassinas. A intoxicação do ar é espetacularmente visível nas cidades latino-americanas, mas é bem menos notada em algumas cidades do Norte do mundo. A diferença é explicada, em grande parte, pelo uso obrigatório dos catalisadores e da gasolina sem chumbo. No entanto, a quantidade tende a anular a qualidade, e esses progressos tecnológicos vão perdendo seu impacto positivo diante da proliferação vertiginosa do parque automotivo, que se reproduz como se fosse formado por coelhos.

Visíveis ou dissimuladas, reduzidas ou não, as emissões venenosas formam uma extensa lista criminosa. Para dar apenas três exemplos, os técnicos do Greenpeace denunciaram que é dos automóveis que provém mais da metade do total do monóxido de carbono, do óxido de nitrogênio e dos hidrocarbonetos, que tão eficientemente contribuem para a destruição do planeta e da saúde humana. "A saúde não é negociável. Chega de meios-termos", declarou o responsável pelo setor de transportes de Florença, no início do ano. Mas em quase todo o mundo, parte-se do princípio de que é inevitável que o divino motor, em plena era urbana, seja o eixo da vida humana.

COPIAMOS O QUE HÁ DE PIOR

O ruído dos motores não deixa ouvir as vozes que denunciam o artifício de uma civilização que lhe rouba a liberdade para depois vendê-la, e que lhe corta as pernas para lhe obrigar a comprar automóveis e aparelhos de ginástica. Impõe-se no mundo, como único modelo possível de vida, o pesadelo de cidades onde os carros mandam — devoram as zonas verdes e se apoderam do espaço humano. Respiramos o pouco de ar que eles nos deixam; e quem não morre atropelado sofre de gastrite por causa dos engarrafamentos.

As cidades latino-americanas não querem se parecer com Amsterdã ou Florença, e sim com Los Angeles, e estão conseguindo se transformar numa horrorosa caricatura daquela vertigem. Levamos cinco séculos de treinamento para copiar em vez de criar. Já que estamos condenados à copiandite, poderíamos escolher nossos modelos com um pouco mais de cuidado. Anestesiados pela televisão, publicidade e cultura de consumo, engolimos a história/estória da chamada modernização, como se essa brincadeira de mau gosto e humor negro fosse o abracadabra da felicidade.

A INFÂNCIA COMO PERIGO

Os fatos zombam dos direitos. Retrato da América Latina no final do milênio: esta é uma região do mundo que nega a suas crianças o direito de serem crianças. Elas são as mais presas entre todos os presos. O sistema de poder, no qual o único vínculo é o pânico mútuo, maltrata as crianças. As crianças ricas, trata como se fossem dinheiro. As pobres, como lixo. E mantém atadas às patas do televisor as crianças da classe média.

No oceano dos necessitados, as ilhas dos que têm mais convertem-se em luxuosos campos de concentração, onde poderosos só se encontram com poderosos e jamais podem esquecer, nem por um momento, que são poderosos. Em algumas das grandes cidades latino-americanas, onde os sequestros viraram costume, as cranças ricas crescem fechadas dentro de uma bolha de medo. Vivem em mansões amuralhadas, grandes casas rodeadas por cercas eletrificadas, e estão dia e noite vigiadas por guarda-costas armados e por circuitos fechados de TV. Viajam — como o dinheiro — em carros blindados. Não conhecem, mais que superficialmente, a cidade onde vivem. Encantam-se com o metrô em Paris ou Nova York, mas jamais o usam em São Paulo ou na cidade do México.

A elas é proibido esse vasto inferno que espia seu minúsculo céu privado. Além das fronteiras do privilégio, estende-se uma região de terror onde as pessoas são feias, sujas e perigosas. Em plena era da globalização, as crianças ricas não pertencem a lugar nenhum. Crescem sem raízes, despojadas de identidade nacional. O único sentido social que têm é a certeza de que a realidade é uma ameaça.

Sua pátria são as marcas multinacionais e sua linguagem, os códigos internacionais. As crianças ricas das mais variadas cidades se parecem em seus costumes, tanto quanto se parecem entre si os shopping centers e os aeroportos. Educadas numa realidade virtual, ignoram a realidade real, que só existe para ser temida ou comprada. Treinadas para o consumo e para fugacidade desde o nascimento, as crianças ricas passam a infância inteira acreditando que as máquinas são mais dignas de confiança do que as pessoas. Muito antes das crianças ricas deixarem de ser crianças e descobrirem as drogas caras que espantam a solidão e mascaram o medo, as crianças pobres já cheiram cola. Enquanto as ricas lutam com balas de raios laser, as balas de chumbo crivam as crianças da rua. Entre todos os reféns do sistema, as crianças em estado de pobreza absoluta são as mais prejudicadas. A sociedade as espreme, vigia, castiga, mata: quase nunca as escuta, jamais as compreende. Nascem com as raízes para o ar. Muitas são de famílias camponesas brutalmente arrancadas de sua terra e desintegradas na cidade.

Entre o berço e a sepultura, a fome ou as balas abreviam a viagem. De cada duas crianças pobres, uma trabalha, descadeirando-se em troca de comida ou pouco mais. Vende quinquilharias nas ruas, é a mão-de-obra gratuita das oficinas e cantinas familiares, é a mão--de-obra barata das indústrias de sapatos exportação. E a outra? De cada duas crianças pobres, uma sobra. O mercado não precisa dela. Não é rentável, jamais o será. E quem não é rentável — e isso já se sabe — não tem direito à existência. O mesmo sistema produtivo que despreza os velhos expulsa as crianças. E as teme. Do ponto de vista do sistema, a velhice é um fracasso, mas a infância é um perigo. Em muitos países latino-americanos, a hegemonia do mercado está rompendo os laços de solidariedade e está esgarçando o tecido social comunitário. Que destino têm os donos de nada em países onde o direito de propriedade está se tornando o único direito sagrado? As crianças pobres são as que mais ferozmente sofrem com a contradição de uma cultura que as impele a consumir e uma realidade que as impede. A fome as força a roubar ou prostituir-se. A sociedade de consumo as insulta oferecendo-lhes o que a elas nega. E elas se vingam lançando-se ao assalto. Nas ruas das grandes cidades, formam bandos de desesperados unidos pela morte que os espreita. Segundo a organização Human Rights Watch, grupos paramilitares matam seis crianças por dia na Colômbia e quatro no Brasil.

Entre uma ponta e outra, o meio. Entre as que vivem prisioneiras do desamparo e as que vivem prisioneiras da opulência, estão as crianças que têm muito mais que nada e muito menos que tudo. Cada vez mais as crianças de classe média são menos livres. Sua liberdade é confiscada, dia após dia, pela sociedade que sacraliza a ordem enquanto engendra a desordem. Nestes tempos de instabilidade social, onde se concentra a riqueza e a pobreza se difunde em ritmo implacável, quem não sente que o chão treme sob seus pés? A classe média vive em estado de hipocrisia, simulando ter mais do que tem, mas nunca foi tão difícil cumprir esta abnegada tradição. Está hoje paralisada pelo pânico de perder o trabalho, o carro, a casa, as coisas. O pânico de não chegar a ter o que se deve ter para começar a existir. A sofrida classe média ainda defende a ordem estabelecida como se fosse sua dona, mesmo que não seja mais do que uma inquilina da ordem, mais que nunca oprimida pelo preço do aluguel e pela possibilidade do despejo.

No pânico de viver e de cair, cria seus filhos. Apanhadas nas armadilhas do pânico, as crianças da classe média estão cada vez mais condenadas à humilhação da prisão perpétua. Na cidade do futuro, que já está sendo presente: as telecrianças, vigiadas por babás eletrônicas, contemplarão a rua da janela: a rua proibida por causa da violência; a rua onde ocorre o sempre perigoso, e às vezes prodigioso, espetáculo da vida.

O DIREITO AO DELÍRIO

Vai saber como será o mundo depois do ano 2000. Temos uma única certeza: se chegarmos lá, já seremos gente do século passado, pior ainda, gente do milênio passado. Contudo, embora não possamos adivinhar como será o mundo, podemos imaginar como gostaríamos que fosse. O direito de sonhar não figura entre os trinta direitos humanos que as Nações Unidas proclamaram no final de 1948. Mas se não fosse por ele, e pela água que dá de beber, os demais direitos morreriam de sede. Deliremos, pois, por um momento. O mundo, que está de perna para o ar, vai se erguer sobre os próprios pés:

O ar estará limpo dos venenos das máquinas e não terá mais poluição senão aquela que emana de medos e paixões humanas.

Nas ruas, os carros serão pisoteados pelos cães.

As pessoas não serão dirigidas pelo carro, nem serão programadas pelo computador, nem serão compradas pelo supermercado, nem serão assistidas pela televisão.

A televisão deixará de ser o membro mais importante da família e será tratada como o ferro ou a máquina de lavar roupa.

O crime de estupidez cometido por aqueles que vivem para ter ou ganhar, em vez de viver para viver, será incorporado aos códigos penais, como uma ave canta sem saber que canta e como uma criança brinca sem saber que brinca.

Nenhum país prenderá os meninos que se recusam a cumprir o serviço militar, mas sim os que desejam fazê-lo.

Ninguém vai viver para trabalhar, mas todos nós vamos trabalhar para viver.

Os economistas não chamarão o nível de consumo de padrão de vida, nem a quantidade de coisas de qualidade de vida.

Os cozinheiros não vão acreditar que as lagostas adoram ser cozidas vivos.

Os historiadores não vão acreditar que os países adoram ser invadidos.

Os políticos não vão acreditar que as pessoas pobres adoram comer promessas.

A solenidade deixará de ser considerada uma virtude, e ninguém levará a sério ninguém que não seja capaz de rir de si mesmo.

A morte e o dinheiro perderão seus poderes mágicos e nem pela morte nem pela fortuna o canalha se tornará um cavalheiro virtuoso.

O mundo já não estará em guerra contra os pobres, mas sim contra a pobreza, e a indústria militar não terá mais alternativa senão declarar-se falida para sempre.

A alimentação não será uma mercadoria e a comunicação não será um negócio, porque a alimentação e a comunicação são direitos humanos.

Ninguém morrerá de fome porque ninguém morrerá de indigestão.

Os meninos de rua não serão tratadas como lixo porque não haverá crianças de rua.

As crianças ricas não serão tratadas como dinheiro porque não haverá crianças ricas.

A educação não será privilégio daqueles que podem pagá-la e a polícia não será a maldição daqueles que não podem comprá-la.

Justiça e liberdade, irmãs siamesas condenadas a viver separadas, voltarão a unir-se, bem juntinhas, ombro a ombro.

Uma mulher negra será presidente do Brasil e outra mulher negra será presidente dos Estados Unidos. Uma mulher índia governará a Guatemala e outra o Peru.

Na Argentina, as loucas da Plaza de Mayo serão um exemplo de saúde mental porque se recusaram a esquecer nos tempos de amnésia obrigatória.

A Santa Madre Igreja corrigirá alguns erros de digitação nas tábuas de Moisés e o sexto mandamento ordenará que se banqueteie o corpo.

A Igreja também ditará outro mandamento que Deus havia esquecido: "Amarás a natureza da qual fazes parte".

Os desertos do mundo e os desertos da alma serão reflorestados.

Os desesperados serão esperados e os perdidos serão encontrados porque desesperaram de tanta espera e se perderam por tanta busca.

Seremos compatriotas e contemporâneos de todos aqueles que têm a vontade de beleza e a vontade de justiça, onde quer que tenham nascido e onde quer que tenham vivido, independentemente das fronteiras do mapa e do tempo.

Seremos imperfeitos porque a perfeição continuará sendo o privilégio enfadonho dos deuses.

Mas neste mundo, neste mundo fodido, poderemos viver cada dia como se fosse o nosso primeiro e cada noite como se fosse a nossa última.

SOBRE O AUTOR

Eduardo Hughes Galeano nasceu em Montevidéu, Uruguai, em 3 de setembro de 1940, numa família de classe média, de formação católica. A sua trajetória como jornalista começou nos anos 1960, quando se tornou editor do importante semanário Marcha, um dos mais influentes da América Latina. Em 1973, com o golpe militar no Uruguai, exilou-se primeiro na Argentina, onde editou o jornal Crisis, e em 1976 em Barcelona. Só voltaria ao seu país natal em 1985, com a redemocratização.

É autor de mais de 40 livros, traduzidos em diversas línguas. Entre eles, *As Veias Abertas da América Latina* (1971), *Vagamundo* (1973), *Dias e Noites de Amor e Guerra* (1978), *Memória do Fogo* (trilogia, 1982-86), *O Livro dos Abraços* (1989), *As Palavras Andantes"* (1993), *O Futebol ao Sol e à Sombra* (1995) e *Mulheres* (1997).

Para além das entrevistas, as reportagens e ensaios aqui reproduzidos foram publicados nas duas mais constantes colaborações de Eduardo Galeano com a imprensa alternativa brasileira: o jornal *Versus*, entre 1975 e 1977 (páginas 71 a 182), e a revista *Atenção!*, em 1996 (páginas 217 a 241).

SOBRE AS ILUSTRAÇÕES

Francis de la Porte, conde de Castelnau (1812-1880), foi um explorador e naturalista francês que percorreu o continente americano na primeira metade do século XIX. Esteve pela primeira vez na América do Norte (Canadá e México) durante o período de 1837 a 1841. Nos anos entre 1843 e 1847 viajou pelo Brasil, Bolívia, Peru e Chile, onde estudou e recolheu informações sobre a formação geológica, estudou o clima e as "raças" e coletou exemplares da flora e fauna, encontrados nestes diferentes locais, enviados para a Europa e que hoje fazem parte de coleções em museus. Para tanto, Castelnau chegou ao Rio de Janeiro em um brigue de guerra trazendo equipamentos científicos, iniciando observações botânicas, zoológicas, meteorológicas. O relato de sua experiência de viagem, partindo do Rio de Janeiro em direção a Lima, e retornando através da descida do próprio rio Amazonas e da Guiana Francesa, de onde voltou à Europa em 1847, resultou uma obra em seis volumes — Expédition dans les parties centrales de l'Amérique du Sud, de Rio de Janeiro à Lima, et de Lima au Para- executée par ordre du gouvernement français, pendant les années 1843 à 1847, sous la direction de Francis de Castelnau — publicada em Paris em 1850. Esta imensa viagem permitiu que a expedição de Castelnau percorresse locais praticamente desconhecidos, atravessando florestas virgens ao longo da costa do Atlântico, bem como as planícies que ocupam quase a totalidade do centro do continente. Se a maior parte dos relatos publicados na época faz referência apenas a regiões litorâneas da América do Sul, o relato de Castelnau é um dos poucos que se dedica a regiões centrais do continente, tornando essa expedição uma viagem de dimensões continentais.

SOBRE O ORGANIZADOR

Sergio Cohn nasceu em São Paulo, em 16 de abril de 1974 e mora desde 2000 no Rio de Janeiro. Em 1994, criou a revista literária *Azougue*, e em 2001 a Azougue Editorial.

É autor de *Nuvem Cigana — poesia e delírio no Rio dos anos 1970* (2007, trazendo a história oral do importante grupo de poesia marginal, do qual faziam parte Chacal, Ronaldo Bastos e Bernardo Vilhena), *cultura digital.br* (2009, em parceria com Rodrigo Savazoni, com entrevistas dos principais nomes em torno da cultura digital no Brasil), *Produção Cultural no Brasil* (2010, quatro volumes trazendo 100 entrevistas com produtores, artistas, gestores e trabalhadores da cultura brasileira), *Revistas de Invenção — 100 revistas de cultura no Brasil, do modernismo ao século XXI* (2011), Roberto Piva (coleção Ciranda da Poesia, UdUERJ, 2012), e *Poesia.br* (2012, antologia de poesia brasileira em 10 volumes, dos cantos ameríndios ao século XXI), além de seis livros de poesia, sendo o mais recente *O Sonhador Insone* (Portugal, 2022).

Edita as coleções Tembetá (de pensamento indígena, com livros de Ailton Krenak, Sônia Guajajara, Eliane Potiguara e Kaká Werá, entre outros), Cadernos de Música (com livros de Vinicius de Moraes, Tom Jobim, Elza Soares, Tom Zé, Hermeto Pascoal, Itamar Assumpção, entre outros), Cadernos de Cinema (com livros de Rogério Sganzerla, Ruy Guerra, Karim Aïnouz, entre outros), Encontros (livros de entrevistas de Darcy Ribeiro, Jorge Luis Borges, Júlio Cortázar, Paulo Freire, Clarice Lispector, Nise da Silveira, Eduardo Viveiros de Castro e Milton Santos, entre outros), Ultramares (ensaios brasileiros, com livros de Silviano Santiago, Mário de Andrade, Suely Rolnik, Silviano Santiago, José Miguel Wisnik, Ismail Xavier, Kabengele Muganga, Manuela Carneiro da Cunha, entre outros) e a revista de quadrinhos *Expressa*, que publicou livros de Laerte, Fortuna, Mariza Dias Costa, J. Carlos, André Dahmer e Lourenço Mutarelli, entre outros, e recebeu o importante prêmio HQ Mix de melhor projeto editorial de 2021.

Em 2013, foi convidado para fazer parte do Conselho Editorial da Revista *Poesia Sempre*, da Biblioteca Nacional, tendo organizado, em parceria com o editor e poeta Afonso Henriques Neto, o número 37 da revista, sobre "Poesia ameríndia no Brasil".

Em 2014, organizou para a coleção Libros Al Viento, da Prefeitura de Bogotá, Colômbia, a antologia bilingue *Once Poetas Brasileros*, com poemas de Paulo Leminski, Alice Ruiz, Angélica Freitas, Ana Martins Marques, Alberto Pucheu, entre outros.

Entre 2015 e 2016, trabalhou como Coordenador de Literatura no PNA — Plano Nacional das Artes, uma parceria da FUNARTE com o Ministério da Cultura.

Em 2019, criou a revista *Palavbras Andantes*, nome que foi gentilmente cedido pelo escritor Eduardo Galeano, autor do livro homônimo. A revista tem editores em 15 países ibero-americanos, e cada número é dedicado a uma antologia de poesia contemporânea de um país da região. Já foram publicados volumes dedicados a Brasil, Argentina, Colômbia e Portugal, e estão no prelo volumes sobre México e Bolívia.

Em 2015, co-dirigiu, com Alberto Pucheu e Gabriela Calder, o curta-metragem "Um Animal na Montanha", sobre o poeta Leonardo Fróes.

Em 2016, produziu o LP *Garganta*, com 12 poetas contemporâneos brasileiros, entre eles Angélica Freitas, Ana Martins Marques, Fabrício Corsaletti e Gregório Duvivier.

É um dos editores da Biblioteca Básica Latino-Americana.

Azougue Press

coordenação geral Sergio Cohn

coordenação editorial

Sergio Cohn — Darien Lamen — Cristián Jiménez Plaza

Brasil | CNPJ 12.272.339/0001-26

Portugal | NF 515805394

USA | E. Id. 803650511

Chile | tucán ediciones RUT 77.369.106-1

www.ingramcontent.com/pod-product-compliance
Lightning Source LLC
LaVergne TN
LVHW051059180726
843512LV00020B/1528